Zizie m'a dit

Patricia Urmann, 2020

www.patricia-urmann.fr

Illustration Émeline Courcelle, 2020

« Le temps passé avec les chats
n'est jamais du temps perdu »

Sigmund Freud

Préface

Je ne crois pas au hasard des rencontres. Je crois en la magie. Pour moi, elle est partout.
Dans le sourire d'un enfant, dans l'ombre des arbres, dans le souffle du vent, dans le regard d'un animal…

J'ai posé mes pieds sur les terres crétoises il y a deux ans de ça. Fatiguée de voyages incessants aux quatre coins du monde, j'y ai trouvé le repos. Une parenthèse de paix dans un monde agité et anxiogène. Au départ, je me disais que j'y resterais quelques semaines, avant de repartir chercher une place, ailleurs. Le mouvement, toujours. L'envie d'en voir plus, d'en découvrir plus, toujours. Car partout où se posent mes valises, j'apprends.

Un matin pluvieux, au détour d'une promenade, une rencontre a bousculé mes plans.
Dans un abri de fortune, entre cartons et bitume, une rangée de chats anonymes se tenait là et ils me dévisageaient. Des maigres, des fatigués comme moi, des timides, des sauvageons, des affectueux… Et je réalisais qu'ils avaient toujours été là.

En crapahutant à travers les différents continents, je les avais vaguement remarqués. Bien sûr, mon cœur se serrait à la vue d'un petit chaton maigrichon ou d'un chien au regard hagard. Mais les avais-je rencontrés vraiment ?
Ce matin-là, je les ai rencontrés. Et j'ai pleuré au rythme de la pluie, dans cette rue déserte. J'ai pleuré pour leur demander pardon, à eux, comme aux autres. A toutes ces âmes que l'on côtoie sans jamais appeler la rencontre. Parce que certaines rencontres nous rappellent à quel point nous sommes vulnérables. On ne veut pas voir l'évidence : la vie.

Ce matin-là, je leur ai fait une promesse. Je ne passerais plus à côté de la vie. J'allais la regarder sous toutes ses facettes, même les plus dures.
Et tous les matins, j'ai instauré une routine. Je repérais les lieux où des colonies semblaient s'être installées et j'allais faire mes tournées. Nourriture, eau, caresses... Après trois mois, j'avais déjà noué des amitiés et nommais certains chats. J'étais ravie de ces échanges quotidiens. J'avais cependant encore beaucoup de mal avec les chats malades, ou blessés. Quand le regard d'un animal blessé se plonge dans le vôtre, il exprime avec une puissance inouïe ces choses sur lesquelles on peine à mettre des mots. C'est le cœur qui parle à l'âme.

Puis la saison touristique est arrivée en Grèce et la Crète a fait le plein de familles charmées par ces petits êtres. Je voyais les chats grossir et reprendre des forces jour après jour, nourris abondamment par les touristes.

On prend de jolies photos, on les caresse, et puis on reprend l'avion et chacun rentre chez soi. Une fois chez soi, on montrera les jolies photos de Crète avec ces murs blancs, ce ciel bleu et ces beaux chats. Sauf que quand la saison touristique s'achève, les beaux chats ne le restent plus longtemps.

Je m'apprêtais à repartir vers de nouvelles contrées, et pourtant, je n'y arrivais pas. « Si je pars maintenant que tous les touristes partent, qui va nourrir, stériliser, soigner mes amis ? »
Il faut comprendre qu'ici en Grèce, il y a beaucoup moins d'organismes, associations pour leur venir en aide. Culturellement, les grecs cohabitent avec les animaux errants, sans forcément intervenir. Ils leur jettent quelques croquettes de temps à autre, mais cela s'arrête là.
Et forcément, il y en a *beaucoup*. Et plus il y en a, plus ils souffrent.

Dans ma petite ville, j'ai pu me rapprocher **d'une des rares personnes qui essaient de prendre en main la situation et se dévouent** corps et âme à la cause animale.

Ekanta, une dame adorable, récupère beaucoup de chats malades, les soigne, les garde dans son petit débarras sans fenêtre le temps qu'ils se remettent sur pattes car sa maison est déjà pleine d'animaux, et puis les remet à la rue ou, cas miraculeux, leur trouve un foyer d'adoption.

Un jour que son débarras et sa maison étaient trop pleins d'animaux, **elle m'a demandé si j'étais d'accord** pour en prendre chez moi, le temps de leur convalescence. Bien évidemment, j'ai accepté. La première fois, c'était quelques jours, une autre fois, quelques semaines.

J'essayais de ne pas trop m'attacher à l'animal **sachant que je devrai** le remettre à la rue quelques jours après. En effet, je ne peux pas avoir d'animal de compagnie, pour des raisons professionnelles. La première fois que j'ai dû en remettre un dehors, j'ai pleuré pendant des heures. Je me sentais responsable d'eux. Je connaissais les dangers qui rôdent partout. Les voitures, les maladies, les chiens errants, les gens qui empoisonnent les animaux…

J'ai perdu un chat comme ça. « Tchouchou », un petit chaton malade que j'avais récupéré, que j'avais gardé 3 semaines au chaud alors qu'il pleuvait fort dehors, et qui s'en est allé le lendemain de sa remise en « liberté » car il avait mangé de la nourriture empoisonnée.

A ce moment-là, je me suis promis que chaque animal qui passerait chez moi en convalescence ne retournerait plus à la rue. Jamais. Soit je n'en gardais plus, soit je leur trouverais systématiquement une maison. Cette épreuve avait été trop douloureuse pour moi.

La première petite chatte que j'ai réussie à envoyer en Europe s'appelait Sweetie. Un amour de chaton qui a survécu à un hiver assez rude en Crète, ce qui est rare ici. Elle a survécu à la maladie, au froid et à la faim. Une battante. Beaucoup des petits compagnons de son âge sont partis cet hiver-là. Elle coule à présent des jours heureux en Allemagne. Elle est grosse comme une barrique, elle passe sa vie sur des canapés douillets, elle est heureuse. Et moi aussi.

Et puis il y a eu Zizie et Tulipa. Mes petites fleurs. Deux amours de chatounes que j'ai eu avec moi de longs mois. Zizie était malade, Tulipa aussi. J'avais peur de ne pas réussir à leur trouver une famille d'adoption. Elles étaient différentes, pas forcément dans les « standards » de beauté. Pour moi, elles étaient sublimes. J'avais de l'appréhension en postant leurs photos sur les réseaux sociaux, en essayant à tout prix de trouver une famille aimante, car plus un chat grandit, moins il a de chance de trouver une famille. C'est un constat triste. Les chats plus âgés, les grands chats ont moins la cote qu'un petit chaton.
J'ai rapidement trouvé pour Tulipa, car elle a un pelage particulier et avait un petit gabarit.

Zizie quant à elle, était déjà grande pour son âge, j'avais du mal à trouver des personnes intéressées. J'ai eu un premier contact mais je sentais qu'il n'aboutirait pas.

Et un jour, j'ai reçu ce message en privé de la part d'une certaine Patricia qui me disait être intéressée. J'ai sauté au plafond. Je savais que c'était sa future maman. Immédiatement, je l'ai su. Je marche beaucoup au feeling pour ces choses-là. J'avais l'impression de déjà connaître la suite de l'histoire. J'avais l'impression que Zizie n'allait pas rencontrer Patricia, mais allait la retrouver, tout simplement.
Zizie n'a pas paru étonnée. Elle aussi, elle savait.

Cette petite chatte a changé ma vie. Elle n'est ni meilleure ni moins bien qu'une autre, mais c'est Zizie. Je voudrais remercier du fond du cœur toutes les « Patricia » du monde.
Ceux et celles qui se jettent à cœur ouvert dans l'aventure. Ceux et celles qui osent accepter LA rencontre.

Je ne crois pas au hasard des rencontres. Je crois en la magie, pour moi, elle est partout.

Depuis, beaucoup de chats errants ne le sont plus. Beaucoup ont trouvé refuge dans des maisons pleines d'amour.

« Qui sauve une vie, sauve l'humanité »

Prologue

La raison d'être de ce livre est le partage de mon expérience personnelle sur la voie spirituelle, par ma rencontre avec Zizie.

Une profonde soif d'apprentissage caractérise mon chemin de vie parce que j'ai toujours eu à cœur de réaliser mes rêves en incarnant, dans la matière, les désirs de mon âme.

Voilà comment j'ai jonglé entre de nombreux métiers (agent des services commerciaux, hôtesse de l'air puis chef de cabine, vendeuse puis directrice adjointe, professeur de yoga, enseignante en méditation et praticienne Reiki) et acquis de multiples connaissances (la broderie d'art, l'encadrement, la langue Thaï, les massages Amma et Thaïlandais, l'aromacologie, l'aromathérapie, l'EFT (Emotional Freedom Technique, une technique de libération émotionnelle qui s'effectue en stimulant des points de méridiens par des tapotements), l'art floral, le dessin, la numérologie, la tarologie, la boxe Thaï, la musique à travers la guitare ou la flûte traversière, et j'en oublie certainement…).

Quel parcours semé d'émotions, de rebondissements, de contretemps, de persévérance, d'un zeste de folie et de beaucoup de patience que je relate dans mon premier livre, l'Entreprenescience.

Tout au long de mon périple, j'ai développé une faculté de résilience qui m'a permis d'avancer en conscience et de gagner en sagesse.

À l'heure où j'écris ces lignes j'incarne l'harmonie et l'équilibre, que j'ai sans cesse recherchés, à travers l'enseignement de la méditation et plus précisément, du chemin qui y mène.

Mais comme la vie est un processus évolutif qui permet de se défaire de ce qui n'est plus utile pour accueillir le reste, qui sait où me conduiront mon intuition et mes pas dans les prochains mois ou les années à venir...

Ce récit a pour origine ma rencontre avec Zizie.

Je pensais adopter un animal et j'ai plongé dans une aventure bien plus grande et plus palpitante que ce que je croyais.

Par sa personnalité et l'enseignement qu'elle prodigue, l'arrivée de Zizie marque donc le début d'un nouveau chapitre de ma vie que je me suis sentie irrépressiblement appelée à partager.

La spiritualité est la colonne vertébrale de ce livre, son ADN, car elle fait partie intégrante de ma vie depuis toujours. Elle représente cette frontière entre le monde visible et invisible. Selon mon point de vue, la spiritualité est tout ce qui contribue à faire grandir l'âme en me montrant le chemin qui me ramène à mes origines sacrées. Il n'est pas question ici de religion ou de dogme quelconque, alors même que je respecte profondément les croyances individuelles.

« C'est ton travail qui est ta prière. La prière est l'aile des sans ailes » Ces propos, extraits des « Dialogues avec l'ange » un document recueilli par Gitta Mallasz, résonnent fortement en moi car ils résument ce que je pense et ce que j'expérimente.

Les sentiments et les émotions, qui jalonnent les prochains chapitres, se mêlent intimement à mon histoire personnelle voilà pourquoi je l'aborde lorsqu'elle sert la compréhension du récit.

En plus des faits qui relatent la nature du lien que j'entretiens avec Zizie, au fur et à mesure de notre histoire commune, il est aussi question de yoga, de méditation, de Reiki et de silence car ils sont mes outils dans cette vie pour atteindre l'idéal de ma réussite intérieure.

Cher lecteur et chère lectrice, il est temps pour moi de vous confier mes mots en vous souhaitant la bienvenue dans mon univers et celui de Zizie.

Avec cœur,
Patricia

1

Zizie est arrivée le 31 janvier 2020 à l'aéroport de Roissy Charles de Gaule.

J'étais fébrile ce jour-là, ressentant un mélange d'excitation et d'appréhension car je devinais que ma vie allait changer en prenant une nouvelle couleur.

L'avion qui transportait Zizie, en provenance d'Athènes, était prévu d'atterrir à 11h10. La longue grève des gilets jaunes, entamée le 5 décembre 2019 venait juste de toucher à sa fin.

Après avoir estimé mon temps de trajet sur Maps à 1h20, je suis partie de mon domicile, à Issy-Les-Moulineaux, vers 9h30. Plusieurs jours auparavant, je m'étais promis de ne pas arriver trop en avance car, entre le moment où l'avion touche la piste et celui où les passagers apparaissent aux arrivées dans l'aérogare, il peut se passer beaucoup de temps.

Ayant été hôtesse de l'air pendant dix-sept ans, je connais par cœur les aléas du trafic aérien, les roulages interminables, la longue attente d'une passerelle ou d'un bus pour le débarquement des passagers alors même que l'avion est à son point de stationnement.

Zizie voyageant en soute, son accompagnatrice devait attendre la livraison de tous les bagages avant de récupérer sa caisse. En me basant sur l'horaire programmé et sur le fait qu'il n'y ait pas de retard, il y avait fort à parier que je ne les verrais pas avant midi. Avec tous ces éléments en tête, j'avais initialement prévu de partir à 10h mais le jour J ma résolution s'est enfuie, fondant comme neige au soleil. Je ne voulais pas être en retard pour accueillir Zizie.

J'avais glissé un livre, mon téléphone portable ainsi que mes écouteurs dans mon sac à main. Je n'ai utilisé aucun de ces supports pour passer le temps, trop consciente que chaque minute et chaque seconde me rapprochaient de quelque chose de plus grand que moi qui me dépassait.

En regardant les gens autour de moi, qui allaient et venaient, inconscients du bouleversement intérieur que je vivais depuis plusieurs semaines déjà, je réalisais que nous avons beau vivre les uns à côté des autres, dans la promiscuité parfois, pourtant nous sommes seuls face à nous-même, à travers les expériences que nous vivons.

Nous affrontons les mêmes questionnements, les mêmes incertitudes, les mêmes peurs mais elles se présentent à nous sous une forme personnelle et différente parce que chacun d'entre nous est unique.

Mes pensées m'ont ramenée en ce jour de Noël, au moment précis où cette aventure si improbable avait commencé, même si je pense aujourd'hui qu'il s'agissait simplement de l'aboutissement d'un long chemin qui s'était dessiné des années plus tôt.

2

En ce dimanche 29 décembre, à 14h, allongée dans mon lit, je surfe sur le compte Instagram de sOul_shadOw tarot auquel je suis abonnée depuis quelques semaines seulement.

Médium et cartomancienne, Hyena qui milite pour une spiritualité de conscience et surtout pas de pacotille, parle avec les morts mais pas que. Sur sa chaîne YouTube, ses tirages, qui sortent des sentiers battus, sont une bouffée d'air frais dans l'univers aseptisé et souvent édulcoré de la cartomancie. Elle transmet ses connaissances et sa passion en égratignant, avec une immense bienveillance et beaucoup d'humilité, nos schémas de pensées erronés. Son franc-parler sans fioriture, m'a tout de suite séduite. Je perçois qu'elle a à cœur de redonner leur autonomie aux personnes et c'est ce que je défends également. L'art divinatoire qui prédit le retour de Pierre, Paul ou Jacques très peu pour elle.

Le monde de l'au-delà n'est pas un terrain de jeu pour des humains en quête d'aventure excitante. Il faut respecter nos morts, nos ancêtres. À trop vouloir flirter avec le frisson, on attire des énergies de basses fréquences qui souvent s'accrochent et nous polluent.

La vie offre suffisamment de péripéties excitantes et passionnantes quand elle est vécue dans toute sa puissance.

Le contact avec le monde supérieur doit servir notre vie sur Terre car accueillir pleinement le présent, c'est cela incarner la spiritualité.

Je crois profondément, et cela n'engage que moi, que nous sommes tous médiums, chacun de nous. Ce n'est pas de la magie ni du spectacle mais une faculté juste endormie chez le plus grand nombre.

Si cette capacité est accessible à certains individus c'est que l'accepter et s'en servir en conscience, à bon escient fait partie de leur chemin de vie. Nombre de personnes s'autoproclament médium pour donner un sens à leur vie, se sentir utile ou, malheureusement, pour profiter de la crédulité et de la détresse de leurs semblables. D'un point de vue personnel, je suis triste et dégoûtée de constater l'égoïsme et le vice de la nature humaine. D'un point de vue spirituel, j'essaie de ne pas juger car chaque être humain fait du mieux qu'il peut avec le degré de conscience dont il dispose au moment de ses actions.

Il en va de la responsabilité et du libre-arbitre de chacun, pour le meilleur et pour le pire. Quoi qu'il en soit, dans l'équilibre de l'ordre cosmique la loi de cause à effet s'applique toujours, tôt ou tard.

La connexion avec le monde d'en haut, l'invisible à nos yeux d'Hommes, ne dépend pas de cette capacité. Nous sommes des Êtres de lumière et il ne tient qu'à nous de nous connecter à cette partie divine. Accéder à nos ressources intérieures, c'est retrouver le dialogue avec notre âme. Il peut se faire par le biais de l'intuition, de la clairvoyance, clair audience, clairsentience, etc. Puisque nous sommes uniques, notre lien avec l'invisible ne peut qu'être singulier.

Au détour de ses vidéos et de ses stories, je découvre que Hyena est une amoureuse des félins. Elle habite en Crête où elle s'occupe, bénévolement, des chats des rues qui survivent comme ils peuvent dans des colonies. En renfort d'une association locale, Chania Cat Support, elle recueille les plus faibles pour leur offrir un refuge durant leur convalescence en réglant les frais médicaux sur ses deniers personnels. Cet élan du cœur discret génère, par effet miroir, le même désir chez ses abonnés qui dans une vague d'empathie soutiennent spontanément son action par des dons.

Pour ma part je ne connais pas cet amour des chats. Petite, à l'âge de 4 ou 5 ans, j'ai eu un chien, Micky, un jeune bâtard que j'adorais.

Pour ce dont je me souviens, nous avions une relation spéciale. Ma mère emplissait son écuelle de viande et de féculent et Micki m'octroyait l'honneur suprême de manger dans sa gamelle en même temps que lui. Ceci n'étant pas du goût de mes parents, je le faisais en cachette. Micky était très protecteur et il n'acceptait absolument pas que des étrangers s'approchent de ma sœur ou de moi allant pour ce faire jusqu'à montrer les crocs.

Les félins ne m'ont jamais attirée pour de nombreuses raisons pratiques comme les poils qui s'accrochent désespérément sur les vêtements, le fait de devoir vider quotidiennement le bac à litière ou plus ironiquement pour leur caractère trop indépendant alors que je possède ce trait de caractère !

Depuis mon plus jeune âge, j'aime quand tout est en ordre. J'ai fait mien cet adage que répétait mon grand-père : « Une place pour chaque chose et chaque chose à sa place ». On ne bouscule pas l'ordre établi voilà qui pourrait résumer ces quelques mots. Cette citation, qui date de 1859, est de Samuel Smiles, un écossais, auteur du livre à succès Self-Help.

Le mot « place » peut être défini au sens propre par l'appellation « endroit » ou au sens figuré par le terme « espace », qui désigne la place que l'on occupe ou que nous nous accordons, au sein de la société et qui engendre l'ordre social. Cet adage est la base d'une réflexion sur la conscience de notre hygiène de vie. Il s'agit d'une pensée et d'un acte individuel qui viennent soutenir le collectif.

J'ai toujours pris soin de mon intérieur car c'est le cocon dans lequel j'adore me retirer pour recharger mes batteries, créer, me ressourcer, rêver et être.

Depuis mon divorce en 2010 je vis seule et en parfaite femme indépendante le chacun chez soi me convient parfaitement. Je ne sais pas si j'aurais la patience de construire un nouveau quotidien avec quelqu'un car j'ai pris mes aises et j'aime particulièrement la solitude. Qui pourrait accepter mon indépendance ? Peut-être est-ce d'un rejet dont je me protège ?

La première fois que j'ai entendu Hyena prononcer le nom de Zizie, au cours d'une vidéo, ma réaction avait été de me demander pourquoi donner un tel nom à une chatte. Le prénom de Tulipa, hébergée conjointement avec Zizie, chantait mieux à mes oreilles car moins dérangeant certainement.

Le 25 décembre, dans sa story, Hyena publie une photo de Zizie et lorsque mon regard croise les grands yeux fixes de cette petite chatte je me sens appelée, comme si elle m'adressait une prière silencieuse. Déstabilisée par ce que je ressens, je lutte contre cette émotion car accueillir un animal ne fait pas partie de mes plans. J'aime ma liberté, je ne laisse entrer que peu de monde chez moi et, il me faut bien l'avouer, je n'ai pas envie de déranger mes habitudes et mon confort de vie.

Ce sentiment d'être appelée par Zizie perdure quatre jours et le 29 décembre, il se fait tellement intense, que j'envoie ce message à Hyena.

Patricia : « Bonjour sOul_shadOw. Je vis dans un appartement. Crois-tu que cela conviendrait au caractère de Zizie ?

Hyena : « Oui elle est plutôt d'un naturel calme et tranquille

Patricia : « Cool, peux-tu me donner son âge ? Je suis sur Paris. Comment cela se passe pour le transport et les formalités ?

Hyena me répond ensuite par messages audio en m'expliquant, comme en écho à ma première réaction, que je peux changer son prénom qui n'a pas la même signification en Grec qu'en Français. Le terme « petite » est bien loin de la connotation sexuelle de ce mot dans notre langue.

Hyena m'informe que Zizie a quatre mois, qu'elle a été trouvée en très mauvais état dans une roue de voiture tout en me précisant que sa santé va mieux, qu'elle est hyper calme, adore manger, dormir et jouer. Traumatisée par un début de vie difficile, c'est une chatte craintive, trop mignonne et gentille selon ses propres termes. Hyena me confirme qu'elle prend tout à sa charge, le passeport, la puce électronique, le transport et les vaccins. Elle résume en me disant que ce n'est peut-être pas la plus jolie mais que c'est un amour de chat. La suite de son message m'informe que si elle ne trouve pas de famille d'adoption elle ne remettra pas Zizie dans la rue et la gardera auprès d'elle.

Dans la foulée en lui indiquant que je trouve Zizie très belle je lui confie me sentir appelée par cette petite boule de poils. D'un point de vue logistique, je m'enquiers du matériel dont je vais avoir besoin pour

Zizie et je lui pose également des questions sur le type de nourriture que je dois acheter car je n'ai aucune idée de ce qui est nécessaire à un chat.

Hyena me rassure en me disant que si Zizie a été très malade, aujourd'hui elle est en pleine forme et qu'elle n'a pas de régime spécial. Elle enchaîne en stipulant qu'elle est très touchante et que c'est le chat idéal pour une première main. Le transport de Crête est prévu courant janvier, à la date qui me correspondra.

Il est 14h lorsque débute notre échange qui dure une vingtaine de minutes.

S'ensuivent quatre heures pendant lesquelles la raison et le cœur se livrent une offensive féroce. Au fond de moi je sens que je dois adopter Zizie et en même temps je bataille avec mes peurs et mes certitudes. Sans rationalité aucune je suffoque sous la frayeur de dépendre d'un animal, la crainte d'être entravée dans ma liberté de déplacements, l'appréhension de ne pas savoir m'en occuper, l'inquiétude face à la charge financière que cela peut représenter, etc. Tout en n'osant pas croire que je pense sérieusement à adopter un chat, je saute le pas à 18h10.

Patricia : « C'est ok pour moi, j'adopte Zizie. On se contacte quand tu veux pour les détails. Belle soirée à toi.

Hyena : « Oh c'est vrai ? (Une nouvelle fois les propos de Hyena font écho à ma propre stupéfaction) Super.

Patricia : « Oui carrément. Tu lui expliqueras qu'elle va être aimée et tu auras le temps de lui dire au revoir.

Hyena : « Je rentre en Crète le 4 janvier et je te recontacte. On organisera ça merciii.

En suivant mon instinct je sais que je prends la bonne décision au plus profond de mon être pourtant je reste pétrie de doutes qui, en m'assaillant, viennent entacher ma joie.

3

Les jours qui suivent, je ne cesse de me demander si j'ai finalement pris la bonne décision.

Voilà qu'avec l'adoption de Zizie je vais m'attacher un fil à la patte alors que j'aime par-dessus-tout ma liberté, voyager au bout du monde sans avoir de compte à rendre. L'incertitude qui me tenaille se manifeste physiologiquement dans mon ventre qui est noué.

Nos émotions se logent dans notre intestin. « La peur au ventre », « Prendre aux tripes », « Digérer une information » sont autant d'expressions populaires très parlantes qui reflètent le rôle du tube digestif. En communication permanente avec le cerveau, l'intestin réagit toujours aux messages de ce dernier. Lorsqu'ils sont initiés par la peur ou l'angoisse, l'intestin répond en se contractant et en modifiant le transit. L'équilibre psychique, la santé métabolique et digestive sont intimement liés ! Près de 200 millions de neurones, les mêmes que ceux qui se logent dans notre cerveau, tapissent le système digestif. Voilà pourquoi, en 1999 l'intestin est qualifié pour la première fois de « deuxième cerveau » par le Professeur Michael Gershon, neuro-gastro-entérologue à l'université de Columbia (New-York).

Comme le chemin de la méditation m'y invite, j'accueille toutes ces émotions avec recul en prenant le temps de respirer chaque fois que je me sens submergée. Je prends le temps d'avoir le temps de faire face à ce que je ressens, sans m'y attacher.

En cette fin d'année mon activité est au ralenti aussi certains jours, lorsque le doute pointe le bout du nez, je m'allonge dans mon lit et je l'écoute, dans le silence, consciente que sa plainte lancinante me torture. Je ne sais pas d'où me vient cette angoisse, si elle m'appartient ni si elle m'a été transmise par ma lignée ancestrale quoi qu'il en soit elle est là et je dois la reconnaître si je veux réussir à m'en libérer.

Le simple fait de faire entrer un petit être dans ma vie me bouleverse.

Séparée de mon mari depuis dix ans, je vis mon célibat sereinement. Avec l'avancée en âge je dois avouer qu'il revêt de nombreux attraits. Ma vie sexuelle, stimulée par l'absence d'un quotidien routinier, n'a jamais été aussi épanouissante.

Côté vie sociale, peu de personnes sont autorisées à entrer dans mon antre car justement il s'agit d'un refuge. Ces dernières années, ma vie professionnelle a été intense et je l'ai laissée m'envahir à tel point que j'ai fait un burnout. Sous des dehors expansifs, je suis en réalité une sauvage attirée par la solitude et le silence. Je me ressource chez moi. Le simple fait d'imaginer que je puisse devenir dépendante me remue profondément.

Pourtant Zizie m'a appelée et j'ai l'intime conviction que je dois l'accueillir, sans aucune autre certitude que mon intuition et mon instinct.

Certains jours, je me débats si fort intérieurement contre ce sentiment de peur que je me rassure en me disant que je peux toujours l'abandonner si cela ne va pas. Ce n'est pas un enfant après tout. Malgré l'horreur de tels propos je ne me juge pas car je sais que mes pensées sont seulement le noir reflet matérialisé de mes peurs. J'y fais face avec courage en respirant et en observant ce que je ressens objectivement dans mon corps.

Comme j'ai la chance d'avoir un parc non loin de mon domicile, je m'octroie quotidiennement un temps de marche, en silence, pour me connecter à la nature et son pouvoir de guérison apaisant. Aussitôt rentrée, je médite. Ces moments privilégiés avec moi-même m'empêchent de me laisser dominer par mes angoisses qui ne me définissent absolument pas mais demandent à être vues et reconnues pour pouvoir partir.

Certains jours, le plus souvent au moment du coucher, j'arrive à imaginer Zizie en ma compagnie.

Elle s'allonge sur le lit en restant toute la nuit, sagement, près de moi.

Ces moments, empreints d'une grande douceur, font déborder mon cœur d'amour et alors je n'ai plus de doute.

Je vis une période de deux semaines, en dent de scie, oscillant entre la joie et l'angoisse.

Un beau matin, juste avant mon réveil, encore bercée par mes nombreux rêves, tous mes ressentis des derniers jours se matérialisent par une boule de peur, au creux de mon estomac, dont je perçois nettement la forme et la puissance énergétique. Sentant d'instinct que la vibration qui constitue cette émotion ne fait que passer pour s'échapper, je garde les yeux fermés pour me concentrer sur les sensations et permettre à cette inévitable opération de libération énergétique de s'effectuer librement.

L'impression de m'affranchir d'une chose qui ne m'incombe pas est troublante. Pendant le processus d'évacuation je me roule spontanément en boule, à l'instar d'un fœtus, en respirant en conscience sans discontinuer. Combien de temps cela dure-t-il ? Je ne saurais le dire car la notion de temps est toute relative surtout dans ce genre d'expérience.

Ce n'est que lorsque mon corps, mon cœur et mon esprit sont apaisés que j'ouvre enfin les yeux avec la sensation énergétiquement subtile d'être plus légère.

Dans la journée qui suit me revient en mémoire l'épisode de ma vie pendant lequel j'ai fait le choix de ne pas avoir d'enfant.

Lorsqu'on se marie le sujet de la maternité et de la paternité fait inévitablement surface un jour ou l'autre. Pour moi ce fut après les cinq premières années de mariage. À la suite d'une longue et sincère discussion, mon mari m'a confirmée, comme il me l'avait toujours dit d'ailleurs, ne pas vouloir d'enfant.

Pour ma part, d'aussi loin que je me souvienne, j'ai toujours eu le désir de fonder une famille pourtant ayant dû faire face au cours de mon travail analytique de ces dernières années à des réalités familiales douloureuses et lourdes, j'ai décidé que je n'en aurai pas.

Il n'était pas concevable pour moi de répercuter sur un petit être les souffrances que j'avais connues et qui m'avaient été transmises. Souhaitant plus que tout que ce lourd passé familial s'arrête avec moi, je refusais d'inoculer l'héritage généalogique émotionnel de ma famille à mon enfant. Finalement le choix de mon mari avait toujours fait écho au mien. Inconsciemment j'assumais mon dilemme, aux yeux du monde et aux miens, par le non désir de mon mari.

Je n'ai jamais regretté mon choix, pour preuve, l'expérience que j'ai traversée en 2013.

Âgée de 43 ans, je prends la pilule et je ne vois qu'épisodiquement l'homme que j'ai rencontré l'été précédent et qui est marié. Éprouvant le désir de profiter de ma liberté, sa situation familiale me rassure. Je m'amuse, je m'éclate sexuellement et je me sens libre comme jamais.

En ce mois de mai, j'ai la surprise de constater que mes règles reviennent quinze jours après mon cycle précédent. La durée et les symptômes étant identiques, je n'y prête pas plus grande attention que cela.

Un mois s'écoule et je m'étonne de ressentir un essoufflement inaccoutumé lorsque je monte des marches ou des fringales intermittentes inhabituelles. Hormis ces détails, rien ne m'indique qu'un changement s'opère au plus profond de mon corps. Chaque soir en rentrant du travail je fais, comme d'habitude, des exercices physiques avec un fitness ball.

Pourtant un détail me chiffonne. Je me sens grosse sans que rien ne vienne étayer ce fait. En effet, mes vêtements sont toujours bien ajustés à ma taille et mon poids est identique. Cette sensation ne me quittant pas, je m'en ouvre à la seule personne qui me connaît bien et en qui j'ai confiance, Stéphane, mon ex-mari. Avec bienveillance, il essaie de comprendre d'où vient ce malaise qui ne repose sur rien de concret. En homme pragmatique, il me rappelle que ma relation à mon corps a toujours été singulière et chaotique. Il émet l'idée que, peut-être, je pourrais en parler à ma psychothérapeute. À défaut de réponse valable ou d'argument contradictoire, je me range à son avis, acceptant d'avoir un problème et de devoir y faire face.

Portée par cette nouvelle perspective sur ma situation, plus tard dans la soirée, je m'interroge sur ce que je ressens. Quelles peuvent-être les raisons d'une telle sensation ? Dans quels cas prend-t-on du poids ?

Le mot grossesse émerge de ce questionnement mais je balaie rapidement cette idée car en faisant le calcul par rapport à mes dernières règles et mon précédent rapport sexuel cela ne colle pas.

Je m'endors, réconfortée par le fait d'avoir ouvert mon cœur et d'avoir osé exprimer ce que je ressentais même si cela n'a pas résolu mon problème. En apparence seulement…

À mon réveil, mes seins sont douloureux et semblent avoir grossi. De nouveau le mot grossesse s'immisce dans mon esprit. Bien décidée à balayer cette idée saugrenue une bonne fois pour toute, je monte sur la balance qui indique mon poids habituel, au gramme près. En haussant les épaules, je prends ma douche et je pars au travail comme chaque matin. Mue par une intuition, je laisse cependant un message à une amie qui, ayant trois enfants, saura répondre à mes questions.

Lorsque je la vois, deux jours plus tard, en se basant sur mes ressentis et les signes que je lui décris, elle est catégorique sur le fait que je suis enceinte. Écoutant attentivement son avis, je me range à son conseil d'effectuer une prise de sang. Fort à propos, la gynécologue qui me suit me reçoit en urgence le jour même pour me prescrire une ordonnance.

Le lendemain matin, je me présente au cabinet d'analyses médicales le plus proche de mon lieu de travail. Les résultats tombent l'après-midi même, je suis bien enceinte de dix semaines.

Malgré des circonstances défavorables sur le plan médical (âge, pilule, etc.), je suis tombée enceinte sans m'en douter durant soixante-dix jours (j'apprendrai plus tard que la conception a eu lieu début mai). !

Terrassée par la réalité de ce que je vis, je sais au plus profond de moi que je ne souhaite pas cet enfant pour les mêmes raisons qu'il y a quelques années avec mon mari. À l'époque j'avais pris une décision mentale et aujourd'hui c'est une réalité de cœur.

En pensant à ce bébé, je ressens une grande paix et la certitude que s'il m'a choisie c'est justement pour ne pas s'incarner. Lui et moi devons vivre une expérience unique et commune à la fois. Nous avons besoin l'un de l'autre pour expérimenter ce dont notre âme a besoin pour grandir spirituellement.

Je suis le réceptacle de son passage éclair dans son cycle de vie.

Il est la force de vie que j'accueille pour ouvrir mon cœur.

D'aucuns diront que ce sentiment m'a aidée à accepter ma décision mais, avec objectivité et recul, je n'en crois rien.

Incroyable mais vrai, plat quelques heures plus tôt, mon ventre s'arrondit instantanément dès que le diagnostic est posé, comme pour me mettre face à la réalité de ma situation ! Comprenant alors que j'ai vécu un déni de grossesse, c'est comme une claque que je reçois car cette situation m'a toujours semblée tellement improbable voire même impossible. Comment peut-on être enceinte et ne pas s'en rendre compte ? Avec humilité, j'ai expérimenté ce jour-là le haut pouvoir de l'esprit sur le corps.

Tout s'enchaîne alors très vite car l'avortement est possible, en France, jusqu'à la dixième semaine soit douze semaines d'aménorrhée.

Le personnel médical que je rencontre est bienveillant et ne porte aucun jugement sur ma situation, en grande partie à cause de mon âge j'imagine. Je ne peux m'empêcher de penser aux jeunes filles mineures qui doivent vivre ce long parcours dans la solitude ou la honte. Je me promets qu'un jour, si je peux aider une femme à traverser cette situation, je le ferai sans hésitation et j'ai tenu parole un an plus tard.

Aucune femme ne devrait être seule pour vivre ce genre d'épreuve qui laisse fatalement des traces.

Les rendez-vous médicaux se suivent. En effectuant une échographie le radiologue, après m'avoir demandée avec déférence si je souhaite voir le fœtus sur la radio, me montre une ombre de la taille d'un haricot. Tout en respectant sincèrement cet être qui grandit en moi, mon souhait d'avortement est ferme et définitif. L'opération est fixée au 4 juillet 2013. Ironie du sort, le jour de ma naissance je vais donner la mort.

Voulant assumer la pleine responsabilité de mon corps et de mon mode de vie, j'ai longtemps hésité à avertir mon compagnon de mon état, ne souhaitant pas qu'il pense que je lui avais fait un enfant dans le dos.

Avec douceur, Stéphane m'a amenée à comprendre la nécessité de parler de ce que je vivais. Tenir à l'écart l'homme que j'aimais n'était ni correct ni respectueux. Secrètement, j'avais peur de me confronter à sa réaction car si cette dernière n'était pas à la hauteur de mes attentes, je savais que je mettrai un terme définitif à notre histoire.

Avec difficulté, je lui parle et sa réaction me rassure. Il me soutient et comme je m'y attends, il ne sera pas présent physiquement le jour de l'intervention.

Je suis une femme déterminée et j'ai appris à ne compter que sur moi depuis déjà de nombreuses années. Je fais donc face seule en entamant toutes les démarches pour l'avortement.

Par une belle journée ensoleillée, je me rends à la clinique tôt le matin le jour J. L'opération s'effectue en chirurgie ambulatoire et je peux rentrer chez moi le soir à la condition expresse qu'un accompagnant vienne me chercher et passe la nuit sous le même toit.

Malgré mes protestations et en dépit de mes arguments, Stéphane se propose de remplir ce rôle car il veut s'assurer qu'aucune complication ne survienne durant la nuit. Je ne le remercierai jamais assez d'avoir été près de moi ce jour-là ni sa compagne, Laurence, pour avoir accepté sa présence à mes côtés.

Tout au long de cette épreuve j'ai adressé régulièrement des prières silencieuses à la femme exceptionnelle qu'était Simone Veil.

Qu'est-ce qui peut bien pousser une femme à défendre ses idées avec acharnement malgré les conspuassions, la violence et les insultes ?

Comment un être humain peut-il supporter de mener un combat qui l'exclut de son cercle amical en se le mettant à dos ?

La détermination dont cette femme a fait preuve au début des années 1970 s'explique à travers son parcours car Simone Veil a puisé dans l'un des épisodes les plus monstrueux de l'Histoire une capacité de résilience et une force incroyable pour affronter n'importe quel tourment.

Déportée à Auschwitz-Birkenau en Pologne à l'âge de 16 ans et demi, seule rescapée (avec sa sœur) de toute sa famille, elle n'effacera jamais le matricule 78651 tatoué sur son bras gauche et œuvrera toute sa vie en faveur de la mémoire du génocide.

En 1974 Simone Veil, alors magistrat, entre au gouvernement comme Ministre de la Santé sous la présidence de Valéry Giscard D'Estaing et avec l'énergie d'une survivante défend son texte le 26 novembre 1974 devant l'Assemblée Nationale, dont voici un extrait, qui autorise l'IVG.

« Nous ne pouvons plus fermer les yeux sur les 300 000 avortements qui, chaque année, mutilent les femmes de ce pays, qui bafouent nos lois et qui humilient ou traumatisent celles qui y ont recours. (…) Je ne suis pas de ceux et de celles qui redoutent l'avenir.

Les jeunes générations nous surprennent parfois en ce qu'elles diffèrent de nous ; nous les avons nous-mêmes élevées de façon différente de celle dont nous l'avons été. Mais cette jeunesse est courageuse, capable d'enthousiasme et de sacrifices comme les autres. Sachons lui faire confiance pour conserver à la vie sa valeur suprême. (…)

Je le dis avec toute ma conviction : l'avortement doit rester l'exception, l'ultime recours pour des situations sans issues. Mais comment le tolérer sans qu'il perde ce caractère d'exception, sans que la société paraisse l'encourager ?

Je voudrais tout d'abord vous faire partager une conviction de femme — je m'excuse de le faire devant cette Assemblée presque exclusivement composée d'hommes : aucune femme ne recourt de gaieté de cœur à l'avortement. Il suffit d'écouter les femmes.

C'est toujours un drame et cela restera toujours un drame.

C'est pourquoi, si le projet qui vous est présenté tient compte de la situation de fait existante, s'il admet la possibilité d'une interruption de grossesse, c'est pour le contrôler et, autant que possible, en dissuader la femme. »

Simone Veil s'est éteinte à l'âge de 89 ans, le 30 juin 2017, et ce jour-là j'ai pleuré.

Il est des personnes au destin exceptionnel qui marquent à tout jamais les mémoires et la vie de leurs semblables. Merci Madame d'avoir été une lumière qui a éclairé mon chemin en rendant mon épreuve plus supportable.

Grâce à vous, depuis 1975, votre combat permet aux femmes de vivre dignement et en toute sécurité une interruption volontaire de grossesse.

Suite à cet avortement, les années passent agréablement jusqu'aux prémices du burnout qui me fait prendre conscience de la nécessité de changer radicalement de comportement. Peu de temps auparavant, le yoga et la méditation sont entrés dans ma vie avec évidence et ils me soutiennent dans cette autre épreuve en m'aidant à me relever et me reconstruire.

J'entame alors un nouveau chapitre de mon existence.

Nos combats et nos actions sont empreints des émotions liées aux événements qui composent notre passé. Ils peuvent nous casser ou nous rendre plus forts et humbles.

Je vous emmène maintenant dans un bout de mon passé qui porte en lui la marque du début de cette nouvelle vie que j'expérimente depuis l'arrivée de Zizie. Les deux prochains chapitres expliquent les choix du cœur que j'ai opérés, en acceptant les épreuves transformatrices que la vie m'a offertes.

4

Cela fait plus de trente-cinq ans que j'ai entamé un long et passionnant chemin introspectif.

Dès l'âge de quatorze ans environ, je lisais de nombreux livres de développement personnel mue par l'observation d'une grande faculté à recevoir des messages sous forme d'intuitions impérieuses.

À l'âge de dix-huit ans j'ai pu communiquer avec mon père alors qu'il venait de rendre son dernier souffle. Aujourd'hui encore, mes grands-parents paternels m'apparaissent régulièrement en rêves pour me transmettre des messages.

Le monde invisible fait partie de moi depuis mon plus jeune âge. Vers huit ou neuf ans, alors que je revenais de l'école à pied, une voix m'a dit qu'une voiture allait bientôt passer et que le chauffeur cherchait un enfant. Sans douter ni avoir peur, je me suis cachée dans le fossé alors même que je n'entendais aucun bruit de véhicule. Une voiture est pourtant passée, quelques longues minutes plus tard et j'ai repris ma route vers mon domicile lorsque le bruit du moteur n'était plus perceptible. N'ayant pas eu peur, et certainement à cause de ces sacro-saints secrets je n'ai jamais parlé de cet événement à ma mère.

Des années plus tard, à l'âge de dix-neuf ans, à Angers, cette petite voix s'est à nouveau manifestée, dans des conditions identiques, pour m'enjoindre de faire demi-tour.

Il était vingt heures ce jour-là, quand je pars de chez mon amie et collègue pour rentrer chez moi, après une belle et fraîche journée passée à visiter la ville et son château. Afin d'être à l'aise, j'ai enfilé une tenue sportive. Juste avant de quitter mon amie, cette dernière me demande si je souhaite passer la nuit chez elle. Je lui réponds en riant qu'il ne peut rien m'arriver dans cette tenue. Affublée de longues jambes et d'un corps svelte que j'ai l'habitude de mettre en valeur dans des tenues moulantes, un jogging m'apparait comme une arme de répulsion pour les hommes. Sur le chemin du retour, non loin de mon domicile, j'aperçois un homme qui marche devant moi, sur le trottoir d'en face. Je le vois s'arrêter devant un perron comme pour entrer chez lui. Ma première pensée est qu'il fait semblant de rester devant cette porte pour prendre l'avantage d'inverser la situation en me laissant être en tête. N'écoutant pas mon intuition j'accélère le pas en me rassurant par le contact froid des clés dans ma main. Mon appartement n'est qu'à deux pas lorsqu'une voix impérieuse m'enjoint de faire demi-tour. Comme des années auparavant, ne remettant pas en cause son message, je m'exécute. Bien m'en a pris car au moment de faire volte-face je me rends compte que l'homme est en train de traverser la rue pour s'approcher de moi, sa main abaissant sa braguette. Surpris par ma brusque réaction l'homme s'arrête net et nos regards se croisent. Y lisant la folie du prédateur, je prends mes jambes à mon cou, ce qui ne le décourage pas car il me poursuit. Courant à perdre haleine, je crie sans que personne ne vienne à mon secours. L'arrivée d'une voiture dans cette rue à sens unique fait finalement fuir mon agresseur.

Oui le monde invisible fait partie intégrante de mon univers. Je crois en la réincarnation, la vie après la mort, le karma et le besoin d'évolution de l'âme à travers les expériences que l'on traverse pendant l'incarnation.

Pourtant je pense qu'il ne faut pas jouer avec le spiritisme. Toute médaille a son revers. Il convient d'être prudent avec les énergies du monde de l'au-delà.

Voilà ce en quoi je crois.

Ma vie est riche des décisions que j'ai prises pour toujours aller vers un mieux-être, dans une quête spirituelle très tôt assumée puis tenue à l'écart.
J'ai continuellement cherché à donner un sens à ma vie en écoutant autant que faire se peut mes besoins et mes envies.

Petite, j'ai été au contact de la folie humaine avec un oncle schizophrène qui a fini par se suicider quand j'avais onze ans, un grand-père maternel abusif, détruit par la guerre, un autre oncle alcoolique et une mère qui a essayé de lutter contre des schémas familiaux trop lourds à porter qui ont eu raison de sa raison mentale.

Être consciente de la mort m'a permis de vivre.

Durant des années, j'ai appris à me connaître pour avancer en me débarrassant de ce qui encombrait mon élévation spirituelle. J'ai bien sûr fait des tours et des détours mais aujourd'hui je suis fière du chemin parcouru et je savoure une paix qui ne se dévoile qu'au voyageur qui veut la chercher.

Le yoga puis la méditation m'ont appelée pour m'aider à renouer avec la spiritualité. Il m'aura quand même fallu passer par l'étape du burnout pour opter pour un changement radical de vie qui m'a amenée vers une plus grande liberté intérieure.

L'épuisement mental et physique est un symptôme et une conséquence de l'épuisement professionnel. Résistante à la douleur et exigeante au-delà du raisonnable, j'ai uniquement réagi lorsque j'ai eu la sensation que ma force vitale s'échappait lentement de mon corps. Ce ressenti a marqué un tournant décisif dans mon orientation de vie. Le libre-arbitre est un cadeau pour le meilleur ou pour le pire et j'ai décidé de m'en servir pour cheminer vers la lumière.

J'ai donc quitté mon emploi pour vivre et non plus survivre.

Après une longue réflexion, forte de mes nombreuses compétences professionnelles et ressources personnelles, je me suis tournée vers l'entrepreneuriat.

J'ai mis du temps à découvrir le projet qui me corresponde vraiment. Trouver une idée n'est pas compliqué en soi. Accepter de faire de son rêve un projet viable en est une autre. J'ai tâtonné, résisté au changement que je devais opérer, expérimenté puis j'ai décidé de me faire accompagner.

Entreprendre est une aventure unique, passionnante et complexe mais c'est surtout un marathon qui requiert une profonde connaissance de soi et qui engage tout notre Être.

Contre toute attente, j'ai plongé dans une aventure bien plus grande que celle à laquelle je pensais.

En cours de route, me sentant perdue, j'ai choisi délibérément de mettre mon projet sur pause pour comprendre ce qui bloquait ma croissance professionnelle. Ce temps de repos personnel et professionnel a duré six semaines pendant lesquelles je suis passée par de nombreux stades émotionnels.

Pourquoi ? Parce que le temps jouait avec et contre moi. Trois mois me séparaient de la fin de mes indemnités Pôle Emploi et pourtant je faisais le choix d'être dans la non attente et le ralentissement.

J'ai appris à trouver ce point d'équilibre propre au funambule.

J'ai appris à regarder droit devant tout en étant consciente du précipice qui pouvait m'engloutir si je me laissais aller à la peur.

La force qui m'a poussée à avancer est cette certitude que le travail de développement personnel dans lequel je m'étais investie depuis des années portait ses fruits, ici et maintenant, pour me permettre d'atteindre la liberté spirituelle que je désirais tant.

Oui je suis la force vitale de mon entreprise, et c'est parce que je peux accéder à mes ressources intérieures que je peux faire croître mon entreprise.

J'ai pris conscience, à ce moment de ma vie, de ma grande force intérieure. Visible pour mon entourage qui ne cessait de la louer, je n'arrivais pourtant pas à la voir ni à l'accepter.

Qu'est-ce qui a été vrai pour moi ?

J'ai expérimenté la résilience, bâtie sur l'apprentissage de mes expériences passées, qui m'a appris à choisir d'arrêter ce qui était néfaste pour ma santé avant que la vie ne décide pour moi par le biais de la maladie par exemple.

Ensuite j'ai dû gérer la peur liée à l'argent, au manque, et à ma foi inconditionnelle en la vie malgré l'incertitude de ma situation.

Cette pause fut un tournant majeur et décisif pour la suite car durant cette retraite quasi silencieuse, j'ai rencontré mes guides spirituels dont je détaille l'expérience dans l'Entreprenescience.

Notre rencontre a été puissante et paisible à la fois. La vision de ces Êtres de lumière a été fugace mais je me rappelle la sensation que j'ai ressentie en leur présence. Elle est incomparable à tout ce que j'ai pu vivre et ressentir jusque-là.

J'ai expérimenté l'Amour pur et la paix.

Je n'ai jamais douté une seconde de la véracité de ce que je vivais. Le mental n'a pas sa place dans cette expérience, seuls le cœur et l'âme expérimentent ce qui est.

Voilà la force de l'éveil spirituel.

À mon sens il est toujours perturbant, déstabilisant et percutant. Réveil serait un terme plus juste à vrai dire.

Nous sommes tous des êtres éveillés qui ont oublié cet état à la naissance.

On retrouve une idée similaire dans la tradition juive qui enseigne que le fœtus est instruit de la Connaissance pendant la vie utérine. À sa naissance, l'ange de la Conception, vient poser son doigt au-dessus des lèvres, à la base du nez (sillon naso labial), permettant à ses poumons de s'emplir d'air et effaçant par là-même l'enseignement reçu.

Tout l'enjeu de la vie consiste à nous en rappeler et à aller à la recherche de ce trésor caché un peu comme le Saint Graal.

Le réveil spirituel est donc un tournant qui s'opère en créant un profond bouleversement, comparable à un saut dans le vide. Il ne se décide pas, il vient chercher le voyageur égaré.

Mes guides m'ont transmis, par leur présence, un sentiment d'Amour et de foi. Il ne s'agit aucunement de la foi religieuse mais de celle qui régit la Vie. Tout ce qui est à sa raison d'être. J'ai été touchée en plein cœur.

Durant sept jours, ils m'ont délivré des messages dont notamment celui d'écrire un livre et de transmettre la méditation.

Portée par une formidable énergie et une puissante clarté, en 24h je crée un nouveau site internet et je m'engage avec force et courage dans cette voie qui est une évidence mais que je ne m'autorisais pas à suivre. Est-ce que tout a été facile pour autant ? Bien sûr que non car je suis un être incarné et à travers mes épreuves j'expérimente ce que mon âme est venue travailler. J'apprends de mes erreurs et ainsi même je guéris mes blessures profondes et inconscientes en étant dans la pleine conscience de ma vie.

Quelques semaines plus tard, je découvre le Reiki par celle qui allait devenir mon initiatrice, Ilaria, lors d'un atelier chamanique qu'elle anime.
Je suis intriguée de prime abord par ce mot, Reiki qu'Ilaria prononce, sans chercher plus avant ce que

cela signifie. Quelques jours passent et il apparaît, de nouveau, étrangement dans une conversation que je capte entre deux personnes dans le métro. Je sens que le Reiki me parle, comme le yoga quelques années auparavant. Les jours qui suivent, une chaleur et un picotement émanent de mes mains à tel point que je décide d'envoyer un e-mail à Ilaria pour lui demander des précisions.

Résister à cet appel ne peut que retarder mon cheminement spirituel car la vie mettra le Reiki sur ma route, encore et encore, avec bienveillance, si celui-ci est nécessaire à mon évolution. J'ai vécu une situation identique avec le yoga et la méditation quelques années auparavant. C'est par le libre-arbitre uniquement que je peux suivre la voie la plus adaptée à mon chemin de vie. La vie propose dans l'Amour inconditionnel et je dispose idéalement dans la foi envers sa bienveillance.
De notre conversation avec Ilaria, je me rappelle avoir capté les mots suivants : énergie et conscience spirituelle.
Le Reiki étant un concept qui s'expérimente, elle me convie chaleureusement à venir faire une séance individuelle pour m'aider à y voir plus clair.

J'accepte et deux jours plus tard, mon voyage commence.
Ilaria est une belle italienne, aux longs cheveux blonds dont la voix rauque roule les R. Elle m'invite à m'allonger sur sa table de massage en déposant une

couverture sur mon corps malgré la chaleur estivale. À peine ses mains sont-elles posées sur moi, qu'un flash de lumière intense violette m'éblouit. Mon cœur s'emballe et concomitamment je sens une émotion me submerger. À cette exacte seconde Ilaria se lève pour éteindre son téléphone dont la sonnerie se fait entendre, marmonnant des excuses comme quoi il n'est pas dans ses habitudes d'oublier de couper son portable.

Cette interruption est une pause salutaire qui me permet de calmer les battements de mon cœur et donc de m'apaiser. Je n'ai aucun doute sur le fait qu'il ne s'agisse pas d'une simple coïncidence aussi je remercie silencieusement mes guides de leur soutien et de leur présence. Lorsqu'Ilaria pose à nouveau ses mains sur mon crâne, sachant dorénavant à quoi m'attendre, je suis prête à poursuivre sereinement la suite de mon voyage.
Durant près de 45mn, je reçois continuellement une douche de lumière, avec la sensation intime d'être revenue à la maison.
À la fin de la séance, je partage mon ressenti avec Ilaria mais permettez-moi de garder pour moi celui d'Ilaria qui est trop personnel et précieux.
Dans les jours qui suivent mes mains ne cessent de chauffer et de vibrer. J'identifie ce phénomène comme une exhortation du Reiki et de mon corps à m'encourager sur cette voie en m'initiant par le passage du premier niveau d'auto soin.

Qu'est-ce que le Reiki ?

C'est l'énergie de vie universelle d'origine spirituelle commune à tous les êtres vivants et les choses.

À une de mes clientes qui m'a demandée un jour ce que le mot Reiki signifiait, j'ai été appelée à lui répondre « prendre sa place ». Cette réponse est pour moi le fruit de mon expérimentation : quand l'énergie Reiki me traverse je baigne dans une paix qui me fait sentir à ma juste place, libérée de la dualité de la matière.

En japonais « Rei » signifie « essence spirituelle », « Ki » signifie « Énergie » ou « Conscience ».

Le Reiki est une méthode naturelle qui équilibre les énergies du corps, calme les émotions, soulage le corps et l'esprit et encourage l'éveil spirituel par la conscientisation.

J'ai vécu l'initiation de mon premier niveau avec recueillement et appréhension. Allais-je être à la hauteur de cet appel ?

Je ne vous raconterai pas comment se déroule ce qui, pour moi, est un moment sacré entre le maître Reiki et son disciple.

Une journée de formation ou un certificat ne font pas le praticien. L'expérience, issue de la pratique,

développe le ressenti nécessaire pour intégrer en douceur et avec confiance le processus généré par l'initiation. Durant les vingt-et-un jours suivants la cérémonie je fais, comme il est recommandé, un auto-soin de nettoyage énergétique en notant scrupuleusement, chaque jour, mes ressentis.
J'ai vécu cet exercice comme une formidable leçon d'humilité. Ce rendez-vous avec moi-même m'a permis de pérenniser un dialogue subtil, avec mon corps et mon esprit, déjà instauré avec la pratique de la méditation.

Lorsqu'on acquiert une nouvelle compétence, il est légitime d'avoir envie de se confronter à la réalité extérieure en vérifiant, par-là même, notre légitimité.
Cette dernière est pourtant une histoire d'ego, de manque de confiance, d'estime ou d'absence d'amour inconditionnel.
La confiance en ma capacité à canaliser l'énergie de Vie ne s'est pas faite en multipliant les soins mais en observant mes ressentis intérieurs profonds avec bienveillance et compassion.

Le Reiki invite à la connaissance du Soi et à la mise en évidence de ce qui a besoin d'être guéri par le passage de ce qui est inconscient au niveau conscient.
Le Reiki n'est pas une énième façon de se relaxer, en tout cas ce n'est pas ma vision. Comme le yoga ou la méditation, les soins énergétiques sont devenus des

produits marketing aseptisés, édulcorés et trop souvent vidés de leur essence spirituelle.

J'ai attendu trois mois, avant de poursuivre mon évolution énergétique avec Ilaria. J'ai vécu le second degré comme un moment très précieux et privilégié car j'étais seule avec la lumineuse Maître Reiki. C'était un espace-temps sur-mesure, dans lequel j'ai eu tout le loisir d'exprimer mes ressentis et de poser des questions sans filtres.
Suite à cette journée consacrée à la théorie, je retrouve Ilaria deux jours plus tard pour la partie pratique. Nous sommes quatre personnes ce soir-là et chacune notre tour, nous donnons et recevons du Reiki. À ce stade, le but est de grandir dans la pratique en échangeant et en expérimentant ensemble.

Lorsque vient mon tour de recevoir le soin énergétique, Ilaria me demande, avant de m'allonger, si je souhaite émettre une intention particulière ou bien laisser l'énergie du Reiki agir au mieux pour moi. Instinctivement je ressens l'envie d'entrer à nouveau en contact avec mes guides. Aussitôt ma demande formulée, le soin démarre. Trois paires de mains se posent respectivement sur ma tête, mon ventre et mes pieds. Je me sens bien. Rapidement je prends conscience du poids des mains posées sur mon ventre (cette perception n'étant que mon ressenti et ne correspondant bien sûr pas à un appui forcé intentionnel) qui se matérialise par une sensation de lourdeur, extrêmement désagréable au fur et à mesure que la perception grandit. Soucieuse de ne pas froisser ni blesser la personne qui travaille sur cette zone, je préfère patienter en subissant cet inconfort.

Ce qui me semble une éternité plus tard, n'y tenant plus, alors que je suis sur le point d'exprimer mon ressenti, ma conscience s'élève, s'allège et je deviens aussi légère qu'une plume. Je SUIS la légèreté, je l'incarne. Je savoure cette incroyable sensation, à l'opposé de celle ressentie précédemment. Peut-être suis-je capable de m'en délecter par le fait même d'avoir expérimenté son contraire ?

Après ce qui me semble un trop court répit j'ai à nouveau conscience de la sensation de lourdeur qui délimite la densité de ce corps que je n'habite plus mais que je sais devoir réintégrer.

L'envie de pleurer me submerge car je souhaite rester là où je suis, là où tout est si léger et aérien, sans souffrance.

Je sens pourtant que je n'ai pas d'autre choix que de revenir dans mon corps et alors que le soin se termine il me faut du temps avant de pouvoir parler de mon voyage.

Mes trois compagnons attendent respectueusement que je reprenne mes esprits. Lorsqu'après de longues minutes de silence je les remercie pour l'état de grâce qu'ils m'ont permis de vivre, les mots font place aux larmes qui coulent le long de mes joues sans que je puisse les arrêter.

Entre deux hoquets et d'incessantes pauses, je leur confie mon désir de ne pas avoir eu envie de revenir dans cette matière si dense et si lourde.

Mes guides m'ont offert un beau cadeau, celui de l'expérimentation de l'ancrage et l'élévation, certainement pour mieux incarner et aussi transmettre la signification et la dimension du message de ces deux mots.

Cette expérience est une étape extraordinaire de plus sur mon chemin d'apprentissage et d'éveil.

Qu'est-ce que je ressens lorsque je pratique un soin Reiki ? Chaque séance est différente néanmoins le fait que mes mains deviennent chaudes et que ma conscience s'élève, ne varie pas. Mes guides et d'autres Êtres de lumière m'accompagnent dans chacun de mes voyages. Il m'arrive d'avoir des visions, des ressentis ou d'autres fois je suis simplement en pleine présence.
Je transmets toujours ce que je reçois, sans jugement, avec respect en prenant soin d'avertir la personne que ce que j'exprime n'est pas la vérité mais ce que je traduis avec mes filtres d'humain. Je ne suis qu'un canal par lequel circule l'énergie de Vie ainsi que l'humble émissaire du message qui descend.

La qualité d'un soin ne dépend pas de ce que je capte ou non, c'est une aventure intérieure et personnelle ou le receveur est un récepteur qui accueille l'énergie de Vie universelle qui l'éveille à sa nature divine infinie dans l'Amour inconditionnel.

Durant le temps du soin, je suis chez moi, entourée de ma famille d'âme, enfin à la maison.

Le Reiki s'effectue tout aussi bien en présentiel, à distance, en visuel grâce aux outils technologiques ou en différé, avec une efficacité identique.

Pour cette dernière forme, il suffit de planifier, en concertation, l'heure et le lieu où le receveur se trouvera au moment du soin. Mon rôle est d'effectuer le soin le jour J à l'heure H.

Cela demande pour le receveur une sacrée dose de confiance et de lâcher-prise.

Avant chaque soin je me recueille en silence pour me connecter à la Source et je mange légèrement afin de garder mon corps et mes sens en alerte.

C'est par cette préparation à effectuer un acte sacré et précieux que j'honore la confiance que l'on me fait. Lorsque cette dernière est de mise entre deux personnes, leur engagement est total et c'est là que la magie (l'âme agit) opère.

L'Amour inconditionnel prend toute sa dimension dans cette aventure.

La première fois que j'ai expérimenté la puissance de l'Amour inconditionnel c'était lors d'une séance avec une cliente. Devant sa résistance à lâcher-prise sur un aspect de sa vie, mes guides m'ont fait ressentir que la compassion, le non-jugement et l'Amour inconditionnel soutiennent et sauvent la victime que nous pensons être, alors que nous sommes notre propre bourreau.

Face à la combativité, à l'opposition, au déni, à la colère, à la tristesse, à la peur, seul l'Amour inconditionnel peut permettre à toute personne de se libérer de ses chaînes.

Nous sommes au début du mois de décembre et l'épreuve de l'avortement, que je pensais loin derrière moi, refait surface de la façon la plus inattendue qu'il soit grâce à ma rencontre avec une naturopathe.

Cette résurgence est à l'origine de l'adoption de Zizie et explique le fait que j'ai été capable de répondre à son appel.

5

Dans le courant de ce mois hivernal de 2019, je fais la connaissance de Sandrine Rey, naturopathe à Aix en Provence qui a, comme moi, fait le choix de se faire accompagner dans le développement de son entreprise. Nous faisons partie du cercle des clientes d'Aurore Rosello, notre coach.

Abonnée à son compte Facebook, j'entraperçois ici et-là les publications de Sandrine qui m'interpellent car elles sont axées sur la nature et toujours pleines de sensibilité. Quoi de plus naturel pour une naturopathe que de cheminer au côté de Dame Nature ?

Un beau matin je reçois un message de Sandrine qui me demande si je suis d'accord pour échanger avec elle sur nos parcours respectifs et notre évolution entrepreneuriale. Nous nous donnons virtuellement rendez-vous quelques jours plus tard.

Notre premier contact, qui a duré près de 3h, s'est tellement bien passé que constituer un binôme de travail a été une évidence. Comme il est bon de parler à cœur ouvert de ses questionnements avec une personne qui traverse les mêmes expériences.

À la fin de notre conversation, Sandrine me dit que je l'ai beaucoup aidée mais qu'elle souhaite que notre collaboration soit équilibrée. Elle me propose donc une consultation de naturopathie, le jour de mon choix. Comme je fais régulièrement dans ce genre de cas j'accepte poliment sans être sûre de le faire. J'ai tellement appris à ne compter que sur moi depuis des années que je tiens instinctivement les autres à distance.

Aider les autres me semble naturel mais le retour ne coule pas de source. Depuis que je suis jeune, j'entends dire que j'ai une oreille attentive et que je ferais une bonne psychologue. Ce n'est pas tant par charité d'âme que j'ai développé cette aptitude que pour ne pas avoir à répondre à des questions dérangeantes ni à me dévoiler. L'être humain est autocentré pour le meilleur comme pour le pire. Ces deux facettes coexistent en chacun de nous comme le Yin et le Yang.

Dans les jours qui suivent pourtant une pensée germe dans mon esprit. Depuis plusieurs mois j'ai envie de faire une mono-diète de pommes, une fois par semaine, sans parvenir à la mettre en place. La simplicité apparente du procédé, ne manger qu'un seul aliment à volonté durant une journée, n'a pas rendu sa mise en application plus facile pour moi et je n'arrive pas à mettre le doigt sur la raison à cela.

Suite à mon divorce, en 2010, j'ai eu besoin d'évacuer les tensions et les émotions qui s'entassaient dans mon corps en partant vivre une aventure extraordinaire. À cette époque, pratiquante assidue de boxe Thaï, je me suis envolée au pays du sourire pour m'entraîner durant deux mois dans un camp. Refusant de voir ma valeur et ma force intérieure, je me suis servie de ce sport exigeant et violent pour la manifester.

Cinq heures par jour, six jours sur sept, sans manquer un seul entraînement et voilà que je suis incapable aujourd'hui de manger des pommes sur une seule journée voire même sur un seul repas. Disciplinée, l'effort et la rigueur ne me font pas peur, alors où le problème se situe-t-il exactement ?

J'ai tellement de volonté que j'apprends en parfaite autonomie depuis toute jeune. Très organisée et méthodique, j'ai suivi des études à distance dès la quatrième jusqu'à l'obtention du baccalauréat avec mention.

Cet engouement pour le travail à domicile ne m'a jamais quittée puisqu'aujourd'hui j'accompagne des femmes entrepreneures à tenir le marathon entrepreneurial en mettant en place, individuellement ou en groupe, une routine de méditation par visio consultation.

Lorsque je choisis des formations je privilégie toujours celles qui s'effectuent en ligne car ainsi j'avance à mon rythme, sans avoir à me confronter à l'Autre.

Pourquoi ? Parce que cet Autre me demande d'être constamment sur mes gardes ayant peur de me dévoiler et d'exprimer ce qui ne doit pas l'être. Les terribles secrets familiaux m'ont appris le silence. Ne pas exprimer ma véritable nature m'a demandé une adaptation constante, éreintante, dont j'ai fait une grande force en grandissant. En chemin, je me suis protégée d'une carapace que j'ai dû apprendre, au fil des ans, à fissurer pour y introduire de la douceur.

Les années passant, j'ai compris l'importance de prendre soin de moi en acceptant l'aide que je pouvais trouver sur mon chemin. Ici et maintenant, je sens que j'en ai besoin et Sandrine est la personne idéale de par ses compétences et mon ressenti.

Je suis mon intuition et une semaine environ après notre entrevue, c'est à mon tour de lui envoyer un message. Le rendez-vous est pris le 20 décembre. Ce jour-là je m'ouvre à Sandrine de ce désir de mono-diète et notamment sur mon incapacité à la mettre en place en dépit de ma volonté.

Patiemment Sandrine me pose des questions pour démêler le fil de la pelote de laine de ma problématique. De fil en aiguille je parle de ma relation à la nourriture, à mon corps et à la pré-ménopause.

Je lui confie que durant l'été 2019, j'ai ressenti un changement dans mon corps, difficile de retranscrire en mots mais que j'ai clairement identifié comme étant une transformation. Logiquement, par rapport à mon âge, j'ai assimilé ce phénomène à l'étape qui précède la ménopause.

Ce qu'elle me permet de découvrir me laisse sans voix.

Au fil de mes réponses à ses diverses questions, Sandrine m'amène à réaliser que rien n'étaye l'affirmation que j'ai posée il y a déjà plus de six ans. En me permettant de faire le lien entre mon ressenti et ma grossesse, doucement elle m'ouvre à l'idée d'une autre réalité : le corps se prépare à accueillir l'enfant bien en amont de la conception, entre un an et neuf mois plus tôt.

Je fais un rapide calcul mental et le verdict tombe. Entre le moment où j'ai ressenti un changement subtil dans mon corps et la date de conception de mon enfant, il s'est écoulé exactement neuf mois.

Je tombe des nues. J'avais déjà entendu cette théorie mais je n'avais jamais pensé qu'elle puisse s'appliquer à mon cas.

Je prends une profonde inspiration et je permets à cette information d'infuser car elle bouscule des années de certitudes.

En dépit de mon choix de ne pas avoir d'enfant mon corps s'est préparé à en accueillir un. La vie est décidément plus forte que tout.

Sandrine me conseille l'élixir floral du Cœur de Marie qui porte l'énergie de ceux qui vivent une expérience difficile de séparation. Tout en restant dubitative sur le message de la fleur qui ne semble pas me convenir totalement, son intuition lui souffle que c'est le meilleur choix pour moi et je lui fais entièrement confiance.

Au cours de cette consultation, je découvre une personne très professionnelle, d'une douceur et d'une empathie exceptionnelles. Me sentant écoutée, entendue, je peux m'ouvrir en toute confiance.

L'élixir, après moult péripéties, arrive au bout de sept jours. En ouvrant le colis, je me saisis du précieux flacon. Enserrant le bouchon protecteur une étiquette, tel un pendentif, précise les qualités vibratoires de la fleur par deux mots : Amour inconditionnel.

Me voilà donc pour la seconde fois en quelques jours, en présence de cet Amour inconditionnel.

Je fais rouler le flacon dans ma main en pensant à cette synchronicité troublante qui me bouleverse. Soudain l'envie de sentir l'Amour inconditionnel se fait si pressante que j'ouvre la petite bouteille. Immédiatement l'odeur de l'arnica de mon enfance me revient en mémoire, l'émotion me submerge et les larmes me montent aux yeux.

L'arnica est une plante qui soigne les bosses, les douleurs, les inflammations, les bobos de la vie en somme.

Le Cœur de Marie va-t-il déposer un baume apaisant sur les coups symboliques que j'ai reçus et acceptés de recevoir depuis mon enfance ?

Je suis sur le chemin de la guérison intérieure qui est liée aux événements du passé dont je n'ai pas encore digéré toutes les leçons.

Guérir est un processus long, fastidieux et merveilleux à la fois.

La résistance seule entrave notre chemin vers la rémission et la cicatrisation.

Mes guides m'accompagnent dans ce processus en me montrant que l'Amour inconditionnel est MA réponse. Comme je suis le problème, la clé et la solution, l'Amour inconditionnel en moi ne demande qu'à s'épanouir.

Voilà pourquoi cette énergie me guide dans mon travail d'accompagnante car on n'enseigne que ce que l'on a déjà travaillé soi-même.

Quelques mois plus tard, en écrivant ces lignes, une deuxième lecture concernant cet élixir me vient.
La signification première lue par Sandrine : « Ceux qui vivent une expérience difficile de séparation », ne semblait pas me convenir. Et pourtant, ces mots prennent maintenant un sens plus large.

En choisissant de me séparer de mon enfant j'ai fait écho, par effet miroir, à ma propre conception puisque je n'étais pas une enfant désirée.

Nous sommes le 28 décembre et le lendemain j'écris à Hyena pour lui confirmer que j'adopte Zizie.

6

L'arrivée de Zizie dans ma vie réveille donc de vieux souvenirs enfouis en me faisant travailler mon rapport à l'enfant, la maternité et ma relation à l'Autre.

Les jours passent et sa venue autant redoutée qu'espérée approche. J'appréhende de faire face à mes émotions, mes manques, mes faiblesses et j'ai néanmoins la certitude d'avoir posé un acte juste et puissant en adoptant Zizie. Son arrivée en prévue pour le vendredi 31 janvier à 11h10 à l'aéroport de Roissy-Charles De Gaulle.

Les choses se mettent difficilement en place et je fais la désagréable expérience de la procrastination en tardant à acheter une maison de toilette comme l'indispensable sac de transport, sans compter que je ne sais même pas ce que mange un chat ! Face à cet atermoiement qui n'est absolument pas dans mon trait de caractère, je comprends à quel point que je suis chamboulée émotionnellement.

Me voilà de nouveau assaillie par le doute d'avoir pris la bonne décision en adoptant Zizie. Je vis un grand huit affectif dans lequel la grève générale des gilets jaunes m'offre un répit inattendu. La peur susurre insidieusement à mon oreille que ces mouvements sociaux sont un bon prétexte pour ne pas pouvoir me rendre à l'aéroport et ainsi avoir une bonne excuse pour me défiler. Je puise en moi le courage d'affronter mes zones sombres qui ne sont pas bien jolies, mais je fais de mon mieux pour y faire face et me mesurer à une situation qui me dépasse souvent.

Une force intérieure, plus grande que la peur, me donne néanmoins le courage de vivre cette expérience sans me désister.

Hyena m'envoie régulièrement des photos de Zizie que je trouve magnifique puis, la seconde suivante, mon mental s'emballe en déformant mon ressenti initial. Je ne suis plus capable de discerner le vrai du faux. Croyant déceler un problème dans la démarche de Zizie mon esprit galope et échafaude une histoire dans laquelle cette petite chatte malade va nécessiter des soins médicaux lourds et onéreux. Vais-je être en mesure d'assurer financièrement une telle charge ? L'impression de m'enfermer et de perdre ma liberté me tenaille plus que jamais. Accueillir un animal ne devrait-il pas être que du bonheur ?

Dans ces moments où je lutte contre moi-même, j'arrive à prendre du recul en respirant pour apaiser mon mental et ainsi ne pas m'identifier à mes émotions. Si je peux distinguer ces dernières c'est parce que je suis assez forte pour les regarder, les accepter et in fine les libérer. Je porte mon attention à la base des narines, là où l'air entre et sort, ne faisant qu'une avec ma respiration. Mon rythme cardiaque ralentit et, par ricochet, le mental lui emboîte le pas.

Il va sans dire que j'ai beaucoup de mal à imaginer Zizie dans mon quotidien ou à la visualiser évoluant dans l'appartement. Je me projette quelquefois à l'instant du coucher, lorsque je me glisse sous la couette. J'imagine alors que Zizie vient se lover près de mon visage, à une distance respectueuse en m'observant sans me toucher.

Toutes ces émotions et ces ressentis s'impriment si intensément dans mon corps que je me réveille, sept jours avant d'accueillir Zizie, avec l'œil droit enflé.

La veille, étant invitée à dîner chez une amie du côté de la Place de la République à Paris, je suis passée au magasin de la Roche Mère, le royaume magique de la lithothérapie. Soutien énergétique puissant, les pierres, accompagnent la personne qui les porte dans son évolution personnelle grâce à leur énergie vibratoire unique qui entre en résonance avec les chakras.

Lors de ma formation d'enseignante de Yin Yoga (pratique introspective dont les postures sont maintenues de longues minutes dans le relâchement musculaire le plus complet possible pour un travail du corps en profondeur) mon professeur, indien d'origine, présentait les chakras (roue en sanskrit) comme des boules rondes (sortes de petites planètes) énergétiques, au nombre de sept, connectées individuellement à une glande endocrine et situées le long de la colonne vertébrale. Contrairement à la représentation picturale occidentale, les chakras en eux-mêmes ne sont pas teintés mais reflètent énergétiquement l'élément de la couleur qui leur est associé.

La boutique de la Roche Mère, étroite et trop petite à mon goût pour accueillir les nombreux clients, est néanmoins un émerveillement pour les yeux. À la vue des pierres, rangées par famille et par couleur, dans des coupelles je retrouve mon âme d'enfant.

La particularité de cette boutique tient dans la possibilité de pouvoir se faire guider dans le choix de la pierre par un conseiller, grâce à un Scan Bioénergétique (nom de marque déposé) ou lecture d'aura qui s'effectue par un balayage du corps de haut en bas, sans contact. Cette technique a pour but d'évaluer quelle pierre est la plus à même de soutenir ou de combler nos besoins énergétiques du moment.

J'ai découvert mon extrême sensibilité à l'énergie minérale au début du mois de décembre, suite à une première visite.

Comme il m'avait été conseillé à ce moment-là, j'avais gardé la pierre préconisée contre ma peau la journée et au creux de ma main au moment de dormir. Le lendemain je m'étais réveillée en me remémorant clairement le rêve dans lequel une femme m'était apparue pour me dire que cette pierre ne me convenait plus, qu'elle avait fait son travail et que je devais en changer.

Le lendemain, en fin d'après-midi, soit vingt-quatre heures après ma dernière visite, j'avais poussé à nouveau la porte de la Roche Mère, bien décidée à en avoir le cœur net. Mon tour venu, j'avais expliqué à la conseillère le propos de ma visite en lui faisant part de mon rêve, faisant fi de son jugement hypothétique. Nullement étonnée, la jeune femme avait pratiqué un nouveau Scan Bioénergétique pour déterminer quelle pierre me correspondait sans que je lui ais révélé le nom de celle qui m'avait été attribuée la veille.

Les mains de la conseillère, entrainées par le mouvement de ses bras, ont semblé palper une forme invisible en y lisant des informations.

Après avoir déposé une pierre dans ma main, elle avait effectué le même rituel pour vérifier si l'état d'équilibre énergétique était bien atteint. Au bout de trois essais avec trois pierres différentes, satisfaite de son choix (tout comme moi car j'avais ressenti un apaisement dans mon corps qui ne trompe pas), la jeune femme m'avait transmis le message vibratoire du minéral ayant pour but de m'accompagner par une douce transition dans ma transformation. Or la pierre qui m'avait été conseillée la veille était celle de la transformation !

C'était le premier décembre et la grande grève générale qui paralysa les transports, a débuté quatre jours plus tard. Je ne me suis pas rendue à Paris depuis ce jour-là, voilà pourquoi, en cette fin de mois de janvier qui marque enfin la fin d'une longue période d'immobilisation, je profite d'être invitée du côté de la place de la République, chez mon amie Marion, pour me rendre une nouvelle fois à la Roche Mère.

Nous sommes samedi pourtant la boutique est moins fréquentée qu'à l'accoutumée, certainement une conséquence du traumatisme vécu par de nombreuses personnes qui ont tant galéré, durant des semaines, matin et soir pour tenter de se rendre à leur travail et en revenir.

De tels événements, indépendants de notre volonté sont là pour nous rappeler que le changement est inhérent à notre existence et que vivre requiert une constante adaptation. Cette dernière nous permet de grandir en mettant en lumière des aspects de notre vie ou des comportements que nous devons modifier pour évoluer spirituellement en nous défaisant de schémas répétitifs devenus inutiles.

Les prises de conscience ne s'obtiennent pas dans le confort mais dans l'inconfort. Ce n'est qu'en expérimentant les émotions liées à cet inconfort qu'on peut choisir de s'en défaire.

Mon tour arrive et le Scan Bioénergétique dévoile que la cyanite dont la racine grecque « kuanos » signifie bleu, est la pierre qui me correspond à ce stade de mon évolution.

D'une belle couleur azur, cette pierre associée au chakra du cœur (Anahata chakra), à celui de la gorge (Vishuddha chakra) et au troisième œil (Ajna chakra) est reconnue pour amplifier les énergies spirituelles. Elle incarne la pleine acceptation de soi, en permettant de se redéfinir pour être en cohérence avec son identité, ses choix et ses pensées.

M'accepter pleinement et entièrement dans tous mes rôles, de femme, d'entrepreneure, d'Être spirituel incarné et prochainement de mère, voilà donc mon défi du moment que je ressens et qui se matérialise à travers cette pierre.

Comme pour les deux fois précédentes, je glisse la pierre dans mon soutien-gorge pour la sentir à même la peau avant de me rendre chez mon amie. Durant la soirée mon œil droit me démange sans que j'y prête trop attention et le lendemain je me réveille avec une paupière qui a doublé de volume. Nous sommes dimanche et je ne peux pas contacter de médecin avant demain. Fort heureusement, ma vision n'est pas affectée par cette inflammation. Je décide alors de prendre soin de moi avec les outils qui sont les miens. Je me repose, je respire, je médite et je me fais un soin Reiki.

Le lendemain, lundi, je réussis à joindre mon médecin qui me propose un rendez-vous pour jeudi, la veille de l'arrivée de Zizie. Comme ce rendez-vous me parait lointain, je me démène pour trouver un autre praticien qui serait susceptible de m'accueillir plus tôt et c'est chose faite pour le mercredi. Au moment de confirmer auprès de la secrétaire, je m'interroge sur l'utilité de consulter un médecin que je ne connais pas pour gagner vingt-quatre heures. Y a-t-il vraiment urgence ? L'état de mon œil n'a pas empiré depuis hier et je sens au fond de moi qu'avancer mon rendez-vous médical n'est dicté que par l'angoisse or la peur n'est jamais bonne conseillère.

Ce sentiment de non-urgence est confirmé par le pharmacien, auquel je demande conseil quelques minutes plus tard, puisqu'il penche pour l'obturation du canal lacrymal. J'ai donc bien fait de maintenir ma consultation initiale avec mon médecin traitant sans céder à la peur.

Que vient me dire cette situation ? Je pense aux accessoires de Zizie que je n'ai pas encore achetés. J'ai procrastiné et ce souci de santé me montre qu'il est important de faire les choses quand elles se présentent parce qu'il peut toujours se produire des événements imprévus. Comme disait mon grand-père « avant l'heure ce n'est pas l'heure, après l'heure ce n'est plus l'heure ». Remettre à plus tard génère une grande dépense d'énergie et pollue le mental.

Plus intuitivement, le fait que l'organe atteint soit en rapport direct avec la vision m'amène à penser que je devrais porter une attention particulière sur la manière dont j'appréhende et je perçois la situation. Cette intuition n'est-elle pas renforcée par la signification de la cyanite ?

Face à la réaction de mon corps, je me rends à l'évidence que des choses bougent et m'affectent sans que j'en perçoive toute la signification. Ai-je besoin d'ailleurs d'en comprendre le sens ? Certaines expériences demandent simplement à être vécues et non à être expliquées mentalement. Je prends alors du recul par rapport à l'arrivée de Zizie en lâchant-prise sur mon inquiétude et les incertitudes liées à son arrivée, en me reposant et en méditant encore et toujours.

Dès le lendemain, mardi, mon œil a bien dégonflé aussi je me rends dans un centre commercial, à une vingtaine de minutes à pied de chez moi, pour trouver un large choix d'accessoires. Je repars avec une maison de toilette et des croquettes pour chaton. Le sac de litière étant très lourd, je décide d'en acheter au Monoprix à deux pas de mon domicile.

Aussitôt rentrée, je dépose la maison de toilette là où j'avais prévu de l'installer même si je n'avais pas trop le choix pour son emplacement car mon appartement est petit. Hors de question de la placer dans la chambre ni dans la salle de bain. Reste la grande pièce à vivre.

Ma première réaction, face à ce nouvel objet, est de constater qu'il prend sa place au sein de mon univers et que cela me semble naturel, comme évident.

Cette sensation m'apaise.

C'est incroyable comme on peut se faire une montagne de petits riens et finalement, le passage à l'action est toujours plus difficile que l'action en elle-même.

7

La journée de mercredi se déroule tranquillement, un peu comme si j'étais dans du coton, consciente que l'arrivée de Zizie est imminente sans pour autant éprouver d'excitation.

Je ressens un état précaire d'équilibre entre l'appréhension et la confiance. La précarité provient du fait que je sens qu'il suffit de quelques secondes pour que je bascule dans l'inquiétude parce que je n'ai pas suffisamment confiance en mes capacités maternelles. Afin de canaliser mes émotions et de les accueillir, je m'applique à continuer ma routine spirituelle : yoga, respiration, méditation. Ces pratiques m'aident à rester dans le présent et contrôler mon mental pour qu'il ne galope pas vers des scenarii abracadabrants.

Il est important que je reste pragmatique et que je prenne du recul. Le tourbillon d'émotions généré par l'arrivée de Zizie n'est pas réellement lié à cette petite boule de poils. Elle est le simple déclencheur qui appuie sur mes expériences passées et réveille les émotions qui leurs sont attachées.

Zizie met en lumière ma part d'ombre et tout ce que j'ai à faire est de la regarder en face pour ne pas céder à son appel sournois et dévastateur.

Tout est fin prêt pour accueillir Zizie. J'espère qu'elle va se plaire avec moi. Elle va effectuer un long voyage depuis la Grèce pour me rejoindre et elle n'a pas eu son mot à dire dans cette adoption. Va-t-elle s'adapter aisément à son nouvel environnement ? Je m'attends à ce que deux ou trois jours, voire plus, lui soient nécessaires et Hyena me confirme ce fait au détour d'une conversation sur Instagram.

Zizie et moi allons devoir nous adopter. Nous nous rencontrerons à mi-parcours de ce chemin qui mène au cœur.

Le jeudi arrive et mon œil a tellement dégonflé que je m'interroge sur l'utilité d'aller voir le médecin mais si je ne prends pas soin de moi comment puis-je le faire pour Zizie ? Je ne peux donner que ce que j'accepte de recevoir aussi je fais le choix, ce jour-là, d'être mon propre parent en prenant soin de ma santé. Avec du recul il me semble que cette décision était le premier pas vers une posture maternelle.

Le diagnostic est simple, il s'agit d'une blépharite, une obstruction des glandes sébacées à l'intérieur de la paupière. Le médecin me confirme que cette infection est en cours de guérison, au vu des photos prises quatre jours plus tôt au plus fort de l'inflammation, mais je ressors néanmoins avec une ordonnance pour nettoyer l'œil et une pommade à appliquer.

Le soir je décide de me coucher tôt afin d'être en forme pour une journée qui s'annonce longue et, je le pressens, riche en émotions.

Le jour J, je me lève et en me préparant je me fais la réflexion que c'est la dernière fois que je suis seule dans cet appartement. La sensation que tout va changer en un laps de temps aussi court qu'un aller-retour est grisante. J'enchaîne les gestes quotidiens un peu comme une automate car je ne souhaite pas m'étendre sur ce que je ressens. J'ai le sentiment de faire ce que je dois faire sans trop savoir où cela me mène.

Cette adoption me rend vulnérable et c'est dans cet état émotionnel que je me sens la plus proche de ma réalité profonde et de la vie, même si c'est très inconfortable et déstabilisant à expérimenter.

Je quitte enfin l'appartement et le trajet s'effectue sans encombre jusqu'à l'aéroport. Durant le voyage, je ne me projette pas dans ce qui va suivre, je reste pleinement dans l'instant présent car c'est la plus efficace des façons pour ne pas m'angoisser inutilement.

Zizie ne voyage pas seule. En plus de son accompagnatrice, Ekanta (la directrice du centre d'accueil des chats errants), elle est avec Tulipa. Toutes les deux ont séjourné avec Hyena pendant près de deux mois. Mon cœur se serre à l'idée de tous les changements auxquels Zizie va devoir s'adapter. Est-ce de l'égoïsme d'avoir voulu l'adopter ? Elle va devoir faire face à tant de séparations en un court laps de temps !

Le RER arrive rapidement à destination. C'est incroyable comme le temps n'a pas la même valeur en fonction des événements que nous vivons. Il peut être notre ami comme notre pire ennemi pourtant il n'a que faire de cette considération et il s'écoule pareillement, indifférent à nos états d'âme.

Je me dirige vers les arrivées du terminal 1. Il n'y a pas grand monde en ce début de matinée et je m'installe contre la barrière de sécurité qui fait face à la porte coulissante d'où aucun flot de passager ne s'écoule pour le moment.

Mon cœur bat fort et je sens que je peux passer du rire aux larmes en un claquement de doigts. Je savoure d'être seule pour digérer les émotions qui m'assaillent. Je regarde autour de moi avec l'étrange sentiment que ma vie va changer dans l'indifférence générale. Le monde continue de tourner quelles que soient nos épreuves, nos joies ou nos douleurs.

À ce moment précis, j'ai conscience qu'attendre Zizie n'est pas seulement une torture mais également un magnifique cadeau qui me permet de m'adapter en douceur à cet incroyable chambardement que représente son arrivée dans mon intimité.

Tulipa a trouvé une famille d'accueil en banlieue parisienne. Je rencontre Jordan, âgé d'à peine vingt ans, qui est venu la chercher avec son père. Sa joie simple et naturelle me touche. Nos situations sont différentes bien sûr mais son assurance et son bonheur me renvoient douloureusement à mon état de fébrilité et à ma fragilité car je vis une autre réalité. Oh combien Zizie me fait déjà sortir de ma zone de confort !

Mon regard est rivé sur la porte coulissante qui n'en finit pas de s'ouvrir et de se fermer déversant un flux continu de passagers en provenance de Thaïlande et du Maghreb.

Bien que cette mesure soit inutile car il ne doit pas y avoir beaucoup de monde voyageant avec une caisse à chat, je consulte une dernière fois mon téléphone pour être à même de reconnaître Ekanta dès son arrivée. Cette simple précaution me rassure.

Je discute avec le père de Jordan qui m'explique qu'ils ont déjà des chats et qui me certifie que c'est du pur bonheur. Je ne laisse rien paraître de mon émoi mais je m'interroge intérieurement sur le fait que je puisse ressentir cela ou pas. Entendre ce discours rassurant me place à nouveau dans une situation inconfortable. Et si moi je ne ressentais pas la même chose ? Serais-je alors une mauvaise mère ou une mauvaise personne ?

Le sentiment maternel est-il inné ou se construit-il au fur et à mesure de la relation à l'enfant ? Certaines paroles se veulent rassurantes « t'inquiète pas, tout se passera bien », « tu vas l'adorer », « c'est que du bonheur » pourtant elles mettent en évidence la fragilité du lien que l'on entretien avec l'amour.

Zizie est une petite chatte de sept mois mais c'est ma relation à ma capacité maternelle qui se joue ici.

Le flot de mes pensées s'arrête là car Ekanta apparaît enfin. Je ne peux plus reculer, les dés sont jetés et ma nouvelle vie commence ici et maintenant.

8

Poussant un chariot sur lequel repose une grande caisse grise, Ekanta apparaît tout sourire.

Elle porte également un petit sac de transport violet en bandoulière. Dans quel contenant se trouve Zizie ?

Arrivée à notre hauteur, Ekanta nous salue tous les trois gaiement, en anglais. Une jovialité et une grande bienveillance se dégagent de sa longue silhouette fine.

Après avoir retiré la caisse du chariot, Ekanta la dépose sur le sol en faisant de même avec le sac qui est sur son épaule. Elle souhaite d'abord nous présenter Tulipa car Zizie est perturbée depuis quelques jours par ses chaleurs. En me regardant dans les yeux Ekanta m'assure que ce temps supplémentaire lui permettra de se calmer et de s'acclimater. Maintenant pressée de rencontrer Zizie, je ne laisse rien paraître de mon impatience et j'accepte ce délai avec philosophie car il me laisse un temps égal d'adaptation.

En jetant subrepticement un œil dans la cage, j'aperçois une boule de poils recroquevillée au fond. Je ne peux néanmoins pas trop m'attarder car Jordan et son père ne parlant pas anglais Ekanta compte sur moi pour faciliter l'échange indispensable d'informations. Pendant que je traduis patiemment les conseils et les recommandations qu'Ekanta souhaite transmettre à la famille d'adoption de Tulipa, elle ouvre enfin le sac, lentement, et cette dernière pointe le bout de son nez, curieuse et désireuse de câlins. Jordan s'approche et elle ne montre aucun signe d'apeurement ou de crainte. C'est beau à voir. Nous sommes tous accroupis et je traduis fidèlement les propos d'Ekanta dont l'engagement dans la cause animale est réel. Elle confie dans les moindres détails le caractère de Tulipa. Cet intermède me fait prendre du recul sur ma situation. Je suis tellement concentrée que j'y trouve un équilibre émotionnel apaisant.

Jordan et son père prennent finalement congé et je me retrouve seule avec Zizie et Ekanta.

Nous n'allons pas ouvrir la cage me confie cette dernière car elle craint que Zizie ne se sauve. Mon regard glisse à nouveau à travers le grillage de la porte. Elle ne bouge pas. Nous sommes les deux actrices d'une scène incroyable en plein milieu du hall des arrivées. De la position accroupie nous sommes passées instinctivement à même le sol, en tailleur, indifférentes au passage des personnes qui nous contournent. La cage de transport nous faisant face, je bois les paroles d'Ekanta qui a, je le sens, un attachement particulier pour cette petite chatte qu'elle me dépeint comme attachante, joueuse et craintive. Elle me remet son passeport en me disant qu'elle n'a pas été vaccinée et qu'elle doit aller chez le vétérinaire pour qu'il lui prescrive une crème contre la teigne. Actuellement en cours de traitement, ce dernier ne doit pas être interrompu sous peine de rechute. Pour finir, elle me conseille de la stériliser car la période des chaleurs est stressante pour une femelle. J'accueille toutes ces informations en essayant de ne rien oublier.

Au cours de notre échange nous nous découvrons un point commun, celui d'être professeur de yoga. Je vois que la dimension spirituelle, induite par cette philosophie, transparaît dans la façon qu'à Ekanta de parler des chats et d'en prendre soin.

Elle connaît aussi bien Tulipa que Zizie et a veillé, consciencieusement et avec amour à transmettre les caractéristiques de chacune pour leur bien-être afin qu'elles subissent le moins possible les effets d'un déracinement et d'une séparation.

Le moment arrive où Ekanta doit s'en aller pour s'enregistrer sur le vol retour pour rentrer en Grèce. Elle me serre chaleureusement dans ses bras en me faisant promettre de lui envoyer des nouvelles et des photos de Zizie régulièrement.

J'acquiesce en reconnaissant l'immense don d'amour de cette femme. En dépit de l'attachement personnel qu'elle ressent pour Zizie et Tulipa, elle choisit de s'en séparer en leur permettant de démarrer une nouvelle vie. Elle œuvre pour une mission bien plus grande que celle de trouver un foyer chaleureux pour ses petits protégés, elle donne tout son sens au lâcher-prise qui conduit au don.

À travers la mission de cette femme, je découvre une nouvelle facette de l'Amour inconditionnel.

En la regardant s'éloigner je réalise que Zizie et moi formons désormais une nouvelle famille quand bien même nous ne nous connaissons pas encore.

Nous allons devoir attendre d'être dans l'appartement pour nous présenter l'une à l'autre. Afin de rendre le trajet retour plus court et moins stressant pour Zizie, je décide de prendre un taxi. Même si cela représente une dépense conséquente, je n'hésite pas à faire le choix du confort pour ce petit être vivant qui est sans défense et qui doit sûrement avoir peur.

9

En attrapant la poignée de la cage que je soulève du sol, je sens le poids de Zizie qui fait pencher la charge vers l'arrière.

Il s'agit du poids de la nouvelle responsabilité qui m'incombe désormais et j'en suis toute émue. Je me dirige d'un pas décidé vers la sortie numéro 10 parce que c'est le point de rencontre avec le chauffeur du taxi dont je viens de réserver la course via l'application Kapten sur mon portable. La décision de rentrer chez moi par ce moyen de transport est dictée par le confort de Zizie qui a déjà subi beaucoup de stress ces dernières vingt-quatre heures. Si je peux adoucir la suite de son voyage par ce geste alors je le fais volontiers.

Trois minutes d'attente et la voiture arrive enfin. Le chauffeur sort de son véhicule en fronçant les sourcils aussitôt qu'il m'aperçoit. Il me stipule qu'il refuse la course car il ne transporte pas les animaux. Il m'indique gentiment, dans la foulée, la procédure à suivre pour le remboursement des frais d'annulation tout en me confiant que je vais rencontrer le même problème avec ses collègues.

Qu'à cela ne tienne, nous allons rentrer en RER. Je suis sereine et une grande force me pousse à protéger Zizie, alors je lui parle, tout doucement en lui expliquant la situation. Je me sens maladroite car comment peut-elle me faire confiance ? Fort heureusement le train n'est pas bondé. Je m'installe sur un siège en posant néanmoins la cage sur mes genoux et mon sac à main par-dessus. Zizie bouge un peu aussi je décide de lui faire un soin Reiki. Je ferme les yeux et je me connecte à l'énergie de la Source. Elle s'apaise aussitôt en se mettant en boule. Me voilà rassurée car il nous faut prendre encore deux métros avant d'arriver à notre destination finale. Durant le trajet en métro, je veille à constamment protéger la cage que je dépose à même le sol, en positionnant ma jambe devant. Je ne souhaite pas qu'un voyageur mette malencontreusement un coup de pied dedans.

Après 1h30 de trajet, Zizie et moi franchissons les portes de ce qui est désormais notre appartement.

Quelle sera sa réaction ?

Je me saisis d'un ciseau afin de couper les liens qui empêchaient l'ouverture intempestive de la cage. Je presse entre le pouce et l'index le loquet qui actionne l'ouverture de la porte en murmurant à Zizie qu'elle peut sortir. En tant qu'enseignante en méditation, j'aimerais pouvoir dire que je ne m'attends à rien. Ce n'est pas la réalité que j'expérimente à ce moment précis. Je suis prête à ce que Zizie ressente de la peur et soit déboussolée par le changement de lieu de vie. Elle a vécu ces deux derniers mois avec son amie Tulipa et la voilà seule maintenant. Le temps se suspend. Je ne brusque pas les choses pour être en accord avec son rythme qui n'est certainement pas le mien. Peut-être va-t-elle rester dans sa cage de longues minutes ? Je suis prête à toute éventualité.

À peine quelques secondes après l'ouverture de la porte, j'aperçois une petite patte blanche et un bout de museau. Zizie s'extirpe naturellement de ce qui a constitué son environnement durant ces dernières douze heures.

Retenant mon souffle, je la regarde explorer son nouveau cadre de vie. Je n'ose pas trop m'approcher d'elle car je souhaite lui laisser du temps et de l'espace pour s'acclimater à ce bouleversement que je lui fais subir. Je me demande à nouveau si j'ai fait le bon choix de la déraciner. N'est-ce pas égoïste que de retirer un animal à son lieu de vie ?

Comme elle est belle ! De chaque coin extérieur de ses yeux partent deux lignes noires symétriques, comme des traits d'eye liners parfaitement dessinés façon reine Cléopâtre. La zone qui s'étend du dessous des yeux jusqu'à l'arrière des oreilles est tigrée comme sa queue, dans une dominante de noir et de gris moucheté. Une étroite bande blanche, démarrant à hauteur du museau, sépare les deux côtés colorés en une nette délimitation. Sa robe blanche est parsemée de trois taches noires, sur le côté gauche, l'une à hauteur de sa cuisse et les deux autres sur sa patte arrière. Rasée sur plusieurs centimètres en raison de la teigne, la peau nue de son ventre et de son cou laisse percevoir une fragilité démentie par son regard. Sa longue queue noire et tigrée se dresse à la verticale en dessinant une légère courbe à la pointe.

Zizie ne montre pas de signes apparents de stress, pour autant que je puisse en juger. Après avoir inspecté le salon, elle se dirige vers la chambre où elle se glisse sous le lit. Elle doit avoir besoin de se sentir protégée par une structure rassurante. Je m'accroupis au sol et je reste immobile tout en lui parlant doucement. Quelle n'est pas ma surprise quand je la vois se rapprocher de moi, encore et encore jusqu'à me toucher. Je me sens tellement honorée de recevoir aussi simplement sa confiance.

Puisque les vibrations de ma voix semblent la toucher et la rassurer, je continue mon monologue. Je la laisse venir à moi car j'ai sans arrêt la crainte de l'effrayer en m'approchant et de me sentir démunie si elle a une réaction agressive. Zizie n'a que faire de mes tergiversations mentales car elle vient se frotter contre moi comme pour me dire que tout va bien.

Ce petit être vivant tente de me rassurer alors que je suis censée tenir ce rôle. J'accepte son message avec humilité.

Zizie prend ses marques et moi les miennes.

Au cours de son exploration, elle trouve sa litière dont elle prend aussitôt possession. Prévenue par Hyena de son extrême propreté je ne suis pas étonnée de l'entendre remuer et gratter. Étant à jeun depuis la veille en fin d'après-midi elle ne cherche pas à satisfaire un besoin naturel mais à définir son territoire.

Zizie découvre rapidement l'objet parfait pour faire ses griffes en la manifestation de mon tapis de yoga. Ce dernier est étalé en permanence au centre du salon et Zizie l'adopte aussitôt. Je suis ravie de la voir s'approprier les objets qui l'entourent. Va-t-elle l'abimer ? Je hausse les épaules en me disant que ce n'est pas bien grave. Ce tapis accueille chaque jour mon rituel de yoga, de Pranayama et de méditation. C'est un espace de vie sacrée mais certainement pas défendu. La valeur de cet accessoire réside dans sa présence et son utilisation non dans sa beauté préservée.

Tout en regardant Zizie évoluer, je remplis respectivement ses deux gamelles d'eau et de nourriture. Faisant écho au joyeux tintement des croquettes contre la paroi du bol, Zizie s'approche.

J'effleure son doux pelage en essayant de ne pas me montrer trop empressée. À sa place j'aimerais qu'on me laisse assimiler toute cette nouveauté. Je ne cesse de me demander ce qui peut bien se passer dans son cerveau. À quelles émotions fait-elle face ?

Pour ma part, je bataille entre la douceur qui m'envahit dès que je pose mon regard sur elle et la responsabilité qu'occasionne sa présence. Ce malaise se traduit physiquement par la désagréable odeur que mon nez perçoit dès l'ouverture du sachet de croquettes. Les doutes m'assaillent à nouveau. Ai-je bien fait de l'accueillir ? En toute honnêteté, je sais que cette question n'est qu'un prétexte pour masquer une autre réalité. Ai-je bien fait de bousculer mon train-train quotidien, mes habitudes ? J'ai le sentiment de perdre ma liberté et cela m'effraie.

Oui mais voilà, en plongeant son museau dans la gamelle Zizie me ramène à l'instant présent qui me fait oublier mes stériles questionnements. Je souris car si le vieil adage, souvent répété par ma grand-mère, « quand l'appétit va, tout va » est vrai, alors je peux être rassurée.

Ce que je vis ici et maintenant est finalement beaucoup moins effrayant que mes schémas mentaux. Je respire un grand coup en profitant de ce spectacle simple et naturel.

En observant Zizie je prends conscience de l'environnement sonore qui est une source d'anxiété pour elle : le bruit de l'eau qui frémit dans la bouilloire la fait sursauter ; l'écoulement de la chasse d'eau la fait fuir ; le craquement du parquet sous mes pas la fait se retourner et arquer le dos comme pour se préparer à se défendre ou attaquer. Tous ces bruits si naturels et identifiables pour moi, combinés au changement radical de vie qui lui est imposé, sont une agression pour elle. Et je la comprends, moi qui aime tant le silence qui me permet de me retrouver, de me laver émotionnellement et de me recharger en m'emplissant de sa sagesse dans laquelle je me fonds.

Je veille donc à chacun de mes gestes pour ne pas ajouter au stress de Zizie. C'est ma façon, à cet instant, de prendre soin d'elle et de me comporter en maman.

Craignant sa réaction, je n'ose toujours pas la prendre dans mes bras. J'ai bien tenté de le faire à un moment mais devant mon hésitation et ma gaucherie, Zizie s'est enfuie. Je la vois donc comme un petit animal sauvage qui pourrait être agressif par instinct de défense.

Faisant suite aux recommandations du vétérinaire de Hyena, comme le réclame son traitement, je décide d'appliquer la crème, remise par Ekanta, sur la patte avant gauche de Zizie. Ce geste médical est pour moi un prétexte pour l'approcher de plus près et pour lui dire combien je l'aime en prenant soin de sa santé. Mais Zizie ne l'entend pas de cette oreille-là. Elle n'aime absolument pas sentir le contact de la crème sur ses poils. Elle se rebiffe en tentant, dans un premier temps, de cacher sa patte et devant mon insistance, elle s'enfuit. Malgré son apparente simplicité, cette action me semble bien difficile à mener aussi je me sens démunie et déroutée car je n'ai pas l'expérience nécessaire pour savoir comment m'y prendre.

Pour me calmer, je m'assois sur le canapé et quelques instants plus tard, j'ai l'immense plaisir de sentir un petit corps tout chaud se blottir contre moi. Je suis émue et je mesure ma chance de vivre ce beau moment d'abandon. Zizie ne m'en veut pas, elle ronronne fortement. Mon cœur s'ouvre pour laisser circuler l'amour que je ressens pour elle.

À cet instant une grande partie de mes inquiétudes s'envole car je vois que Zizie a su trouver en elle les ressources pour s'acclimater. Elle aurait pu rester prostrée et timide. Mais non, elle a choisi la voie du cœur qui est celle de la découverte du monde nouveau qui lui est proposé. Son courage m'émeut. Je la regarde avec les yeux de l'amour. Son petit ventre est rasé à cause de la maladie de peau qu'elle a contractée dans la rue. Son cou présente les mêmes particularités Que ses poils repoussent ou non, je m'en moque, elle est à mes yeux la plus belle petite chatte du monde.

À 19h18, soit cinq heures après son arrivée, j'envoie un message à Hyena pour lui donner des nouvelles de sa petite protégée.

Patricia : « Zizie va très bien. Elle est venue d'elle-même se coller contre moi après avoir marché dans tout l'appartement. Elle est allée directement dans la litière et elle mange. C'est plus compliqué pour lui mettre la crème sur sa patte, elle n'a pas l'air d'apprécier. Elle ronronne tout plein. Voilà le résumé de sa première journée avec moi. Merci pour ton aide. J'espère qu'Ekanta a fait un bon voyage retour »

Hyena : « ohhh, je suis si contente. Pour la crème, il faut que tu l'agrippes par la peau du cou comme font les mamans chat. Ce n'est pas évident, elle déteste ça mais c'est pour son bien. De toute façon on l'avait fait vérifier chez le véto et c'est presque guéri. Elle va te saouler la nuit pour dormir avec toi. Et si elle miaule c'est qu'elle est en chaleur. Il faudra que tu la stérilises car toutes les deux ou trois semaines ça risque d'être infernal. Je vous souhaite plein de bonheur »

Patricia : « Pour la stérilisation je compte attendre la semaine prochaine qu'elle soit habituée à sa nouvelle maison et qu'elle digère son stress des dernières heures ».

Hyena : « Ses poils du ventre vont repousser »

Patricia : « Oui Ekanta me l'a dit. Zizie aime mes accessoires et mon tapis de yoga»

Hyena : « Ekanta est prof de yoga aussi et elle m'a dit que vous étiez destinées à vous retrouver »

Ce lien avec Hyena est important car il me rassure, me soutient et m'encourage à devenir celle que je suis au fond de moi et qui n'a jamais pu ni voulu s'exprimer par peur d'être trop vulnérable et de souffrir.

L'heure du coucher approchant, Zizie me suit naturellement dans la chambre. Alors que je suis étendue dans le lit, elle s'allonge près de moi au niveau de ma tête comme dans mon imagination. Elle pose sa patte dans la paume de la main que je lui tends et mes doigts se referment délicatement sur cette minuscule partie de son anatomie. Nous nous endormons toutes les deux dans cette position.

Au milieu de la nuit, je constate avec un ravissement non dissimulé que Zizie n'a pas bougé d'un millimètre. À la réflexion que la vie est plus douce que tout ce que j'aurais pu imaginer, un large sourire se dessine sur mes lèvres.

10

Pour notre première nuit ensemble, Zizie se réveille vers trois heures du matin.

En l'entendant se déplacer je me lève pour vérifier que tout va pour le mieux et comme c'est le cas, je me rendors aussitôt. Aux alentours de cinq heures Zizie gigote sur le lit ce qui me fait ouvrir un œil que je referme après m'être assurée, comme quelques heures plus tôt, qu'elle va bien. À mon réveil vers neuf heures je la découvre à mes pieds, les yeux grands ouverts, attendant sagement que j'en fasse autant. À travers mes paupières mi-closes je lui souris et au son de mon bonjour, elle me répond en ronronnant. Cela faisait fort longtemps que je n'avais pas vécu un aussi délicieux réveil. Zizie s'étire de tout son long en acceptant que mes doigts se promènent sur son abdomen si lisse et doux comme de la soie. Elle baille, se lève, fait le gros dos, allonge et étire sa colonne, en exécutant la posture du chien-la-tête-en-bas, comme un parfait yogi accompli, et vient se recoucher près de moi.

Nous restons plusieurs minutes en silence à nous regarder et je sonne à regret la fin de ce beau moment pour me préparer car Stéphane, doit passer en fin de matinée pour fixer une tringle de rideau. Il me faut également trouver une assurance et un vétérinaire car le traitement de Zizie doit être renouvelé.

Habituellement ma journée débute par la série des salutations au soleil, pour réveiller mon corps, à laquelle fait suite une méditation. L'arrivée de Zizie bouscule mes repères aussi préférant garder un œil sur elle, attentive à son comportement et son bien-être, je m'abstiens exceptionnellement d'effectuer ma routine matinale. Même si je m'émerveille de voir à quel point elle a investi mon appartement comme son nouveau lieu de vie, je reste prudente.

Comme prévu Stéphane arrive vers onze heures. À peine a-t-il le temps de l'apercevoir qu'elle file se planquer dans la chambre, sous le lit, où elle va rester tout le long de son intervention, le bruit assourdissant de la perceuse n'étant pas fait pour la rassurer.

Ayant lui-même adopté un chaton trois mois plus tôt, je lui demande conseil sur l'assurance qu'il a contractée et dont il me communique aussitôt les coordonnées. Son travail terminé, à peine Stéphane a-t-il franchi la porte d'entrée que Zizie sort de sa cachette en trottinant. Elle s'installe sur le canapé, contre moi, savourant le calme enfin revenu. Elle ne me lâche pas et se met en boule alors je la câline et la protège avec mes mains tout contre son petit ventre. Elle ronronne bruyamment et je sens la douce chaleur émaner de son corps. N'osant pas bouger de crainte de briser un si beau moment, je reste une heure durant à la couver des yeux et de mes mains.

Pourtant le temps avance et il me reste à trouver un vétérinaire. Il me vient alors la lumineuse idée de demander une recommandation dans le groupe Facebook de ma ville.

Dans l'heure qui suit, je reçois de nombreux commentaires bienveillants qui me conseillent deux cliniques vétérinaires proches de mon domicile. Mon choix se porte sur la plus proche de mon domicile mais je ne peux pas me résoudre à laisser Zizie seule aussi rapidement. N'écoutant que mon instinct, je remets cette tâche à lundi.

En fin d'après-midi, remise de ses émotions, Zizie pousse plus loin son exploration territoriale. Elle se fait plus audacieuse et comme il est bon de la voir évoluer partout dans l'appartement.

Aucun recoin ne lui résiste même les toilettes pour qui elle a un attrait particulier et curieux. Ses deux pattes avant posées sur la lunette, elle étire tout son corps qui se tend comme un élastique, prêt à se rompre, pour s'abandonner dans la contemplation de l'immense vide. Est-ce l'eau qui l'attire ? Arrive-t-elle à la discerner ? Sa petite tête peine à passer au-dessus de la lunette mais Zizie est volontaire aussi essaie-t-elle avec une farouche volonté de se hisser encore plus haut sur ses pattes arrières.

Sa persévérance et sa curiosité me touchent.

Cette fascination me fait sourire car elle fait écho à celle que je ressentais enfant envers le puits, au centre du jardin, de la propriété de mon grand-père.

Toute la journée je ne suis jamais bien loin de Zizie pour veiller à ce qu'il ne lui arrive rien de fâcheux et surtout parce que j'aime la regarder vivre, découvrir et s'approprier son nouveau territoire.

Malgré ma vigilance, quelques heures pour tard, j'entends un bruit sourd, suivi d'un long miaulement. Je me précipite en direction du bruit pour constater que Zizie, qui a eu la bonne idée de vouloir escalader mon sac de plongée rangé derrière une armoire située dans l'angle du salon, est enfoncée à l'intérieur sans pouvoir s'échapper. Tout en lui parlant pour la rassurer, je déplace le meuble pour la sortir de ce mauvais pas le plus confortablement possible afin de lui éviter tout stress supplémentaire et inutile. Au son de ma voix Zizie cesse de miauler et lorsque l'armoire est suffisamment dégagée pour que je puisse me glisser dans l'espace, je m'approche de mon incorrigible curieuse pour la soulever et voilà comment j'ai porté Zizie pour la première fois dans mes bras !

N'ayant jamais eu de chat je ne connais pas les habitudes ni le comportement félin et avec Zizie j'explore un nouvel univers.

Je constate que cette boule de poils obéit à un rythme équilibré entre activité et repos. C'est exactement ce que j'enseigne, j'en suis abasourdie. Les animaux incarnent la sagesse car ils répondent à leurs besoins primaires et vitaux sans être embarrassés de l'ego.

En alternant les périodes Yin (repos) et Yang (activité), elle gère avec aisance et naturel son énergie vitale. Elle ne se décharge pas car elle sait se recharger avant qu'il ne soit trop tard. Je suis admirative de constater qu'elle m'enseigne avec simplicité une si belle leçon de vie que j'ai mis pour ma part tant de temps à assimiler.

Il m'a fallu un burnout pour comprendre que mon énergie n'est pas un réceptacle sans fonds dans lequel je peux puiser.

Zizie n'est définitivement pas arrivée dans ma vie par hasard.

En début de soirée, une autre première m'attend : le nettoyage de la litière. Cela fait vingt-quatre heures que Zizie est arrivée et cette tâche doit être effectuée quotidiennement selon les indications que j'ai lues au dos du sac.

En soulevant la partie aux deux-tiers amovible de la maison à chat, je saisis la petite pelle pour récolter les excréments. La litière agglomérante que j'ai choisie est composée de grains d'argile absorbants qui emprisonnent les odeurs et les déchets en petits blocs compacts pour faciliter l'entretien. Cette tâche ingrate ne me rebute pas de prime abord. Durant les années où j'ai exercé en tant qu'hôtesse de l'air, j'en ai nettoyé des traces de vomi !

Pourtant en plongeant la pelle dans la litière, un profond et puissant haut-le-cœur me soulève les tripes en me prenant par surprise.

Je ne m'attendais pas à une telle réaction aussi je suspends mon geste pour me calmer intérieurement et laisser passer la nausée. C'est peine perdue car mon estomac proteste en se soulevant une nouvelle fois ce qui m'oblige à me ruer aux toilettes. Penchée au-dessus de la cuvette, je me rends compte du chamboulement psychologique (qui se matérialise physiquement) que l'arrivée de Zizie opère en moi et je perçois ma part d'ombre qu'elle met en lumière.

Mon appartement est toujours bien rangé, impeccable dans un souci de contrôle qui me rassure. Aujourd'hui l'odeur infime de la litière que je perçois réveille la terrible sensation de me sentir envahie et dépassée dans mon espace intime. Comme il n'y a pas de hasard, je ressens cette émotion par le biais de la propre intimité de Zizie, comme dans une relation en miroir.

Ce matin, les prémices de cette émotion sont apparues lorsque j'ai eu la désagréable sensation de marcher sur les petits grains qui constituent la litière. Ayant la chance d'habiter dans un immeuble où le chauffage collectif fonctionne très bien, je marche pieds-nus chez moi, été comme hiver, et évidemment je ne supporte pas de sentir quoi que ce soit sous la plante de mes pieds.

N'ayant pas pris le temps, ni voulu m'épancher sur ce que je ressentais, voilà que cette émotion désagréable ressurgit maintenant comme décuplée par mon déni matinal.

Cela fait près de dix ans que je vis seule et voilà qu'aujourd'hui, Zizie me montre que je me suis enfermée dans une cage dorée, qu'il est temps d'en ouvrir la porte et je me sens bousculée au plus profond de mon cœur par cette révélation.

S'éveiller à l'Autre c'est accepter son côté Yin et Yang, indifféremment, sans jugement aussi je choisis d'accueillir Zizie dans la pleine conscience de ce que cela incombe, les câlins et le nettoyage de ses déjections.

Face à cette décision mon corps s'apaise et je poursuis le nettoyage de la litière sans encombre en y voyant une occasion de prendre soin de Zizie, différemment. C'est une sacrée forme d'humilité et d'ancrage que de nettoyer, avec amour, les déchets d'un être vivant.

Zizie n'est pas une peluche.

Dans la tradition yoguique et Ayurvédique, l'équilibre est le point de rencontre de deux forces opposées. Prana et Apana sont les deux faces de l'énergie vitale indispensable à tout être vivant. Le terme sanskrit Prana signifie « ce qui nourrit » et Apana « ce qui doit être éliminé ». Prana c'est l'énergie que nous prenons de l'extérieur (air, nourriture) et qui induit un processus énergétique à l'intérieur du corps pour être absorbé et utilisé pour le maintien de la vie. Apana c'est la fonction d'épuration et de nettoyage des éléments qui doivent être expulsés car impropres pour notre organisme.

Ces deux énergies sont d'une égale puissance et leur libre circulation induit un état de bonne santé. Prana c'est l'essence même de la vie et pour qu'elle circule librement, Apana doit libérer l'espace de ce qui est en excès. Cette libre circulation est gage d'une force vitale optimale.

Comme pour confirmer cette sagesse cinq fois millénaire, lorsque Zizie soulage ses intestins, elle fait preuve dans la foulée d'un regain d'énergie et fête cet allègement en gambadant joyeusement.

Pendant l'opération de nettoyage Zizie reste près de moi, épiant chacun de mes gestes. À peine ai-je terminé, qu'elle se rue dans la maison en farfouillant et brassant la litière, plusieurs fois de suite comme pour se réapproprier son antre sacrée souillée par mon intervention.

Elle réitère son manège plusieurs fois au cours de la soirée ce qui génère chez moi une nouvelle inquiétude.

Cerise sur le gâteau Zizie miaule trois fois, une première depuis son arrivée, et je me sens perdue car je ne sais pas interpréter son langage. Allumant l'ordinateur pour interroger Google, je découvre qu'à travers le miaulement le chat transmet ses émotions et traduit ses besoins. Il dispose d'un éventail de sons qui peuvent signifier, qu'il a faim ou soif, qu'il s'ennuie, qu'il a peur, qu'il est stressé. L'article précise que le miaulement peut être insistant, bref, plaintif ou clair.

Prise dans une tourmente émotionnelle, je me sens impuissante face à cette situation. Ses besoins en eau et nourriture étant satisfaits, que veut-elle me dire ? Comment vais-je pouvoir répondre à sa demande si je ne la comprends pas ? Une maman chatte saurait instinctivement ce qui est bon pour son petit. Moi je suis en cours d'apprentissage et cette place n'est absolument pas confortable.

L'idée me vient donc d'envoyer un message à Hyena car elle la connait bien.

Patricia : « Zizie a un comportement bizarre. Elle reste dans sa litière longtemps. Tu m'avais dit qu'elle était fragile non ? Hier impeccable, ce matin aussi et ce soir c'est différent. Elle est peut-être constipée ? Elle mange et elle boit bien. Tu en penses quoi ? Tu as déjà remarqué ce comportement ? »

Hyena : « Peut-être qu'elle a ses chaleurs qui reviennent ? Elle miaule ? Non elle n'est pas fragile du ventre. Peut-être que c'est le changement de nourriture »

Patricia : « Elle a fait trois miaulements alors qu'elle ne l'avait jamais fait. C'est peut-être ça en effet. En tout cas elle n'est pas prostrée. Elle ronronne, c'est bon signe non ? »

Sentant probablement mon désarroi, Hyena me répond par un message vocal.

Elle m'explique que si le miaulement est rauque et qu'elle présente, en plus, des signes d'affection plus prononcés qu'à l'accoutumée ou qu'elle est agitée alors c'est qu'elle est incommodée par ses chaleurs.

Patricia : « C'étaient des miaulements doux et brefs. Maintenant elle joue comme une folle. Merci pour ton message. Ça me rassure.

Hyena : « Alors elle cherche juste ses repères. Dans deux ou trois jours elle sera au top. C'est traumatisant l'avion mine de rien »

Patricia : « Oui c'est vrai »

Indifférente au tsunami émotionnel qu'elle a déclenché en moi, Zizie qui a maintenant cessé de miauler gambade partout en continuant son exploration débutée l'avant-veille. Les moindres recoins de l'appartement n'ont désormais plus de secret pour elle.

Apaisée et tranquillisée, je fête cette bonne nouvelle en jouant follement avec elle. N'ayant rien acheté de spécial je découvre avec joie qu'elle se divertit d'un rien et de tout, un stylo, une balle de tennis, un morceau de ruban, un bouchon, etc.

Le reste de la soirée se déroule plus tranquillement et comme à mon habitude, je médite avant de dormir.

En m'asseyant sur le Zafu (coussin de méditation) je remarque que Zizie m'observe.

Suivant mon rituel, je ferme les yeux, j'ajuste ma posture, je relâche mon corps, je calme mon mental en respirant, puis je me concentre pour entrer en méditation.

Au cours de ce processus je sens Zizie qui s'approche et qui s'allonge entre mes jambes.

En souriant intérieurement, je m'élève spirituellement.

11

Dimanche matin marque le jour de ma première séance de yoga en compagnie de Zizie.

Installée confortablement sur le meuble à côté du tapis, elle me regarde sagement effectuer la salutation au soleil. Sa concentration est impressionnante et la mienne beaucoup moins car je ne peux m'empêcher de jeter régulièrement des coups d'œil pour l'observer. J'aime scruter ses réactions, la couver et la caresser du regard ou encore deviner ses besoins pour y répondre au mieux. Ce petit être a pris une place tellement importante dans mon quotidien en à peine deux jours ! Je n'en reviens pas du changement qui s'est opéré en moi en si peu de temps.

Est-ce cela être maman ?

Zizie me suit partout. Au moment de prendre la douche elle s'étale sur le tapis de bain en regardant l'eau couler à travers les vitres coulissantes de la cabine. Sentant que ma présence la rassure, j'ajoute les vibrations vocales. Depuis toute petite j'aime parler à haute voix car cela m'aide à voir plus clair et à prendre du recul face à des situations que je juge difficiles. Aujourd'hui mes mots ont pour but d'aider Zizie à se sentir aimée et en sécurité et je sens bien qu'une des conséquences de sa présence est de m'obliger à m'ouvrir au monde extérieur que je fuis souvent, lui préférant mon univers intérieur.

Pendant le petit déjeuner Zizie s'enhardit à approcher son museau du bol et des tartines que j'ai soigneusement badigeonnées de beurre salé et de confiture. Avec fierté, je remarque qu'il me suffit de pointer le doigt devant sa truffe pour qu'elle s'en aille. Comme elle est intelligente et curieuse cette petite chatte.

Malgré tout le travail qui m'attend en cette fin de matinée, je passe beaucoup de temps à surveiller Zizie car je veux être sûre qu'elle va parfaitement bien.

Je ne suis pas rassurée à 100 % comme si mon bonheur fragile pouvait s'envoler à tout instant.

Après le repas, vers 14h, la fatigue m'envahit et je m'allonge pour faire une sieste, Zizie collée contre moi. Quel plaisir de pouvoir lui faire des bisous sans qu'elle s'en offusque. Elle adore quand je la câline et elle me présente son cou pour en avoir plus. Elle m'a très vite accordé sa confiance finalement. Je craignais qu'elle mette du temps à s'adapter à son nouvel environnement mais il n'en a rien été. Je m'endors sur cette pensée rassurante.

À mon réveil, me revient en mémoire le beau rêve que je viens de vivre. Je pilotais un avion que j'ai réussi à faire atterrir malgré la difficulté de la tâche. À peine les roues ont-elles touchées le tarmac que je pleure de joie, heureuse que les passagers soient sains et saufs, tout en me faisant le réflexion que faire des choses par amour pour les autres est formidable mais que l'amour que je peux me porter est bien plus difficile à vivre.

Le souvenir de ce grand rêve m'allège d'un poids.

Avoir accepté que Zizie entre dans ma vie est un grand pas vers l'amour de moi. En la choisissant je me choisis ce qui n'a pas souvent été le cas dans ma vie.

Se choisir c'est accepter qui l'on est en opérant les changements qui demandent à être faits pour grandir et au bout du compte s'élever spirituellement. J'ai eu beaucoup de mal par le passé à m'affirmer face au monde extérieur par peur d'être blessée et jugée. Secrète et repliée sur moi-même, j'étais enfermée dans un schéma de pensée qui m'isolait des autres.

Pleine de détermination et de volonté, j'avais pourtant du mal à me faire confiance et à m'aimer aussi j'ai choisi de guérir mes blessures en sauvant les autres des leurs. Mon entourage louait mes qualités d'écoute qui me permettaient seulement de ne pas m'exposer : pendant qu'on accueille les confidences on ne parle pas de soi…

J'ai compris très jeune que mon prochain est mon reflet aussi ce qui ne me plaît pas chez lui représente l'ombre intérieure qui me dérange. J'ai travaillé sur moi en silence et en secret grâce à l'observation.

Mon environnement familial a été dur et rempli d'amour, à l'image de la dualité présente en chaque chose. Souvent j'ai été jugée distante et froide parce que je me forgeais une carapace qui m'a protégée. J'ai avancé en faisant un important travail sur moi depuis l'adolescence et dans ce long processus j'ai découvert que l'heure de la libération ultime apparaît lorsqu'on s'aime d'un Amour inconditionnel en choisissant d'avancer à visage découvert et en assumant sa mission de vie, c'est à dire qui l'on est réellement sans faux semblant.

Dotée d'une forte personnalité, je tranche dans le vif car prévenir vaut mieux que guérir. Aujourd'hui j'apprends à dépasser ce trait de caractère et à assumer ma vision de la vie avec force et courage pour ne pas me renier.

S'aimer c'est changer son discours intérieur en ne cherchant plus à l'extérieur ce qui a besoin d'être réparé, c'est oser dire non en étant bienveillant envers soi-même.

À l'aube de mes cinquante ans la vie m'aide dans cette voie par l'intermédiaire de Zizie. En elle je vois le chemin que je dois parcourir pour être plus en accord avec ma nature profonde.

Le reste de l'après-midi, je travaille sur l'ordinateur, Zizie allongée tout près de moi.

Elle incarne à ce moment précis une douceur angélique qui vole en éclats quelques heures plus tard, aux alentours de vingt-deux heures.

Alors que je m'apprête à aller lire dans mon lit, Zizie s'étire, baille et commence à se déplacer un peu partout dans l'appartement. Au fil des minutes qui s'égrènent, elle se transforme en Gremlin.

Le film éponyme, de 1984, raconte les aventures d'une créature imaginaire, le mogwaï qui se change en être sanguinaire lorsque, après minuit, il est exposé à la lumière, mange ou est en contact avec l'eau.

Zizie, elle, n'a que faire de l'heure fatidique de minuit pour se comporter comme une possédée. Prise d'un accès de folie soudain, elle court, saute et fait des dérapages, pas toujours bien contrôlés, ce qui a le don de me faire passer du rire à l'inquiétude.

Elle s'énerve après un crayon à papier qui était pourtant son meilleur ami quelques heures plus tôt. Sa manière d'attraper un colifichet entre ses pattes avant de le mordiller avec rage, tout en frottant frénétiquement ledit objet avec ses pattes arrière me fait craquer.

Les coussinets du chat sont dotés de récepteurs tactiles ultrasensibles qui lui permettent de collecter de précieuses informations. Ce félin est un chasseur qui a besoin d'analyser rapidement une situation pour déterminer l'opportunité d'attaquer ou non sa proie. Le coussinet va donc lui permettre de connaître la nature de sa prise, sa taille, sa température, sa position, son comportement, etc. Ils ont également une fonction antidérapante certaine, d'amortisseur de chute et de frein.

La fonction et l'intérêt des coussinets ne s'arrêtent pourtant pas là. Ils accueillent les glandes sudoripares du chat qui lui permettent de réguler sa température qui doit se situer entre 38 et 39 degrés et entre les coussinets, d'autres glandes ont pour fonction de libérer une huile parfumée que d'autres félins pourront sentir. Lorsque le chat griffe le mobilier, il dépose en fait un message qui atteste de sa présence et de son territoire.

Merci Google, mais revenons maintenant à ma douce Zizie.

Tout est prétexte à sa folie passagère. La couverture qui recouvre mon lit est un super endroit pour se cacher ; sous son aspect lisse le tapis de sol de la salle de bains doit bien receler quelque secret ; les bolsters (longs coussins rembourrés utilisés pour la pratique du Yin yoga) servent de poste d'observation ; le tapis de yoga est une aire de jeu incroyable à mordiller ; le canapé est un mur d'escalade, etc. À peine Zizie semble-t-elle se calmer que son délire reprend de plus belle. Elle déborde d'énergie et je mesure la chance qu'elle soit en bonne santé.

Comme toute maman je capture la plupart de ces précieux et savoureux moments en vidéo et en photo.

J'aime ce zeste de folie qu'elle ajoute à ma vie trop sage. Elle l'emplit assurément de douceur, de légèreté, de joie et d'amour.

12

Dès 9 heures, le lendemain matin, je reçois un appel de la compagnie d'assurance qui fait suite à ma demande de renseignements envoyée par e-mail deux jours auparavant.
Comme je n'ai pas l'envie ni le temps d'effectuer un comparatif exhaustif de toutes les assurances du marché, je prends la décision d'assurer Zizie sur le champ en faisant confiance à la recommandation de Stéphane. Après avoir envoyé les documents nécessaires à l'affiliation de Zizie, le numéro de sa puce électronique et la photocopie de son passeport, je reçois le contrat et les échéances de règlement en retour sur ma messagerie électronique.

Si la procédure est simple et rapide, le signe d'engagement et de responsabilité que cela induit est fort. Le vœu de protéger Zizie s'incarne dans la matière à travers les documents légaux et les cotisations mensuelles qui en découlent.

Je n'ose toujours pas laisser Zizie toute seule pour sortir faire les courses mais je dois quand même m'y résoudre. Si les chats n'ont pas la notion du temps paraît-il, il n'en est pas de même pour moi ! Aucune étude scientifique n'apporte réellement de réponses à ce sujet d'ailleurs. Pour ma part je me sens coupable de la laisser seule et qu'elle puisse ressentir mon absence comme un abandon. Des sentiments apparaissent comme la crainte qu'elle me tienne rigueur de cet éloignement ou que cela l'indiffère. Elle va me manquer mais vais-je lui manquer ? Va-t-elle avoir conscience de mon absence ? Connaît-elle la notion de solitude ?

Je me mets à rêver de poser des caméras dans l'appartement pour obtenir des réponses à mes questions. Est-ce si absurde que cela ?

Les spécialistes du comportement animal reconnaissent eux-mêmes que la psychologie féline est teintée d'encore bien des mystères.

La nécessité de passer à la clinique vétérinaire étant également impérieuse pour la poursuite du traitement de Zizie, je me raisonne et je sors. Munie du passeport et du flacon de crème remis par Ekanta, j'effectue la courte distance qui me sépare de l'établissement à pied.

À l'entrée, une sonnette m'invite à l'action puis à la patience. Quelques secondes après avoir appuyé sur le bouton, un signal sonore m'avertit que je peux pousser la porte pour accéder à l'intérieur.

Sur le comptoir d'accueil trône un magnifique chat corpulent, à la robe noir ébène, aux yeux verts captivants, qui me sonde placidement. Tel un vieux sage, il incarne parfaitement le mysticisme et l'omniscience. Derrière le comptoir d'accueil, une dame charmante et souriante en blouse blanche me coupe dans mon observation en me lançant un bonjour enjoué. Une telle douceur se dégage de sa personne que je me sens aussitôt en confiance.

Sans rien omettre de son histoire, je lui raconte l'adoption de Zizie, son passé et son traitement médical.

Le passeport de l'intéressée en mains, l'assistante du docteur Mahroug affiche un haussement de sourcils lorsque je lui annonce que Zizie n'est pas vaccinée contrairement à ce qui est stipulé sur le document officiel. Sans émettre de jugement, elle trouve pourtant étonnant qu'un professionnel ait osé apposer sa signature sur un acte qu'il n'a pas effectué. Cet élément remet donc en question la validité de ce document officiel et des actes qui y sont stipulés (et si Zizie n'était finalement pas pucée ?), la présence illégale de Zizie sur le territoire et la nécessité d'avertir les autorités de ce fait. Malgré les problèmes qui se profilent à l'horizon, je me borne à répéter ce qu'Ekanta m'a signalé à l'aéroport car je souhaite avant tout que Zizie soit en règle.

Face à cette situation pour le moins compliquée, l'assistante me propose un rendez-vous avec le docteur Mahroug en personne, le samedi 8 février pour faire le point sur la situation et l'état de santé réel de Zizie.

Ce qui semblait être une simple formalité s'avère plus compliqué que prévu mais le calme et la bienveillance de cette femme me confirment que j'ai fait le bon choix en m'orientant vers cet établissement.

Enhardie par ma visite chez le vétérinaire, je m'octroie un temps de détente en poussant jusqu'au parc près de chez moi. De par sa petite taille, j'en fais vite le tour mais je suis heureuse de m'accorder ce moment de solitude. Au rythme de mon pas volontairement lent, mes pensées vont aux jeunes mères qui vivent cette première fois où elles sortent sans leur bébé. En me fiant à ce que je ressens pour Zizie, je me dis qu'elles sont de véritables héroïnes. Il n'est jamais simple de se choisir sans se sentir coupable, voilà pourquoi certaines d'entre nous préfèrent se sacrifier.

Est-ce un trait purement féminin ou plus justement de nature Yin ? Agir en victime n'est pas une solution mais regarder sa part d'ombre est loin d'être évident. Aux portes du développement personnel cela s'apparente à choisir entre la peste et le choléra. Le cycle de la vie avec ses expériences et ses épreuves nous guide vers la guérison de nos blessures intérieures afin de nous permettre d'avancer avec joie et légèreté sur notre chemin en accueillant un pardon libérateur qui nous révèle à nous-même sans faux-semblant.

Le sens de la nature spirituelle de ces pensées ne m'empêche pas de faire face à la réalité de mon quotidien en faisant un saut rapide au supermarché.

Sur le chemin du retour je hâte mon pas car l'envie soudaine de voir Zizie, et d'être rassurée sur le fait qu'elle soit bien, me fait prendre conscience qu'elle me manque.

Après avoir glissé la clé dans la serrure, j'ouvre la porte lentement, désireuse de ne pas effrayer Zizie, la heurter ni la réveiller. Ma petite boule de poils me fait face, à une distance respectueuse du seuil, semblant m'attendre tranquillement. Aussitôt la porte refermée, je l'appelle doucement et pour mon plus grand plaisir elle vient se frotter à moi. Soupirant d'aise j'interprète cette attitude comme un signe qu'elle ne m'en veut nullement de l'avoir laissée seule.

Aussitôt déshabillée et les courses rangées, je joue avec Zizie. Depuis hier elle a jeté son dévolu sur un jouet qui n'en est pas un initialement : une brossette inter dentaire. Impossible de me rappeler d'où m'est venue l'idée de lui présenter cet objet, ce qui est sûr c'est qu'elle l'a adopté. La meilleure explication revient certainement au fait qu'il m'était impossible de remettre la main sur les cinq stylos et le taille crayon qu'affectionnaient Zizie et qu'il a bien fallu que je fasse preuve d'imagination pour l'amuser en satisfaisant son goût du jeu. Mon appartement n'est pas grand pourtant les jouets semblent se volatiliser comme dans un trou noir.

Le jeu de la brossette consiste à ce que je le lance ledit objet pour que Zizie court, vole, galope pour aller la chercher en la ramenant dans sa gueule comme le ferait un chien. Cette attitude m'hallucine et je m'émerveille de l'intelligence de ma petite Zizie d'amour avec qui une belle complicité se développe par le jeu.

J'aime voir sa jolie frimousse se concentrer sur le petit objet auquel elle tient comme à la prunelle de ses yeux. Elle ne se lasse pas de la répétition des mêmes gestes qui induisent les mêmes allers retours. Pour l'enseignante en méditation que je suis, c'est une belle leçon de concentration qu'elle m'offre.

Je prends aussi conscience, grâce à Zizie, de l'importance du jeu et de la légèreté. Elle déborde d'énergie et c'est une belle chose.

Mon cycle de sommeil, tout comme ma routine spirituelle, sont perturbés par cette petite boule de poils joueuse mais je ne m'en plains pas même si le réveil matinal est difficile.

Zizie s'endort toujours près de moi et se réveille dans la même position. Avant de me coucher, j'accorde invariablement à Zizie un long moment de jeu durant lequel elle peut se défouler avant de partir sereinement à la rencontre de Morphée. J'aime sentir son petit corps chaud se blottir contre le mien.

Le lendemain matin Zizie, dont les ronronnements sont le signe du bien-être qu'elle éprouve, vient se frotter en réclamant des câlins. Les yeux-mis clos, à moitié endormie, je promène mes doigts sur son corps longiligne et si menu. Cette constatation est renforcée par le contact de ma paume sur la zone de son ventre qui a été rasée. La douceur et la tiédeur de sa peau nue font ressortir sa fragilité de chaton et mon envie de la protéger. Mon activité professionnelle m'offrant le privilège de travailler depuis mon domicile, j'ai fort heureusement la possibilité de me reposer dans l'après-midi lorsque la fatigue se fait sentir et naturellement Zizie se joint volontiers à moi dans cette activité.

En y réfléchissant, contre toute attente, je trouve ce nouveau rythme rafraîchissant parce que j'ai une capacité de travail importante qui, parce que je l'ai mal gérée, m'a conduite à l'épuisement.

Grâce à Zizie, je fais des pauses régulières et j'expérimente ainsi une nouvelle façon de vivre mon travail. Même si cela me bouscule dans mes fondements, en me pliant de bonne grâce à son rythme de félin, j'apprends un nouvel équilibre entre être et faire.

Zizie est une enseignante.

Elle me montre également comment sortir de ma zone de confort. Ça n'est pas simple de sortir de cette fameuse zone mais c'est possible, petit à petit, en reculant les limites de ce qui nous paraît difficile, qui n'est qu'une perception et non la réalité.

Zizie sait très bien le faire. Pour preuve, alors qu'elle déteste l'eau, elle s'approche du bac à douche dès que j'en sors, observant cet espace fascinant. La première fois qu'elle a posé un coussinet sur le sol de carreaux blancs mouillés, après de longues minutes de tergiversations internes, elle est repartie vite fait bien fait en secouant sa patte pendant un long moment, comme si quelque chose était resté collé.

Mais Zizie est audacieuse et volontaire alors elle a réitéré l'expérience dès le lendemain jusqu'à s'aventurer, dorénavant, dans le bac à douche quand je me lave !

Elle reste au bord et, bien sûr, je fais attention à ne pas l'éclabousser mais elle a le mérite de vaincre sa peur en expérimentant et en agissant.

Originaire du Moyen-Orient, un milieu désertique, le chat n'associe pas l'eau à la nourriture d'où sa probable méfiance pour le milieu aqueux. C'est lorsqu'il a pénétré dans la forêt, bien plus tard dans son évolution, que le chat a rencontré l'eau pour la première fois. Même si cet élément liquide n'est pas son milieu de prédilection, instinctivement, comme tous les félins, le chat est un excellent nageur.

Pourquoi la sensation de l'eau semble désagréable à Zizie ? Parce que le sébum contenu dans son pelage ralentit le séchage de ce dernier et cela a pour conséquence d'alourdir ses mouvements. Le chat, moins vif et agile, se sent alors vulnérable ce qu'il déteste par-dessus tout.

Les animaux sont des maîtres enseignants qui nous rappellent à la simplicité du cycle de la vie lorsque nous ne sommes pas pollués par notre mental et que nous nous laissons guidés par notre instinct.

Au fil des jours qui vont suivre, Zizie va me faire vivre un tourbillon émotionnel comme je n'aurais jamais imaginé et grâce auquel je vais grandir spirituellement.

13

Zizie a une façon bien à elle de me réveiller en se collant près de mon visage et en se frottant jusqu'à ce que je la câline.

Encore toute ensommeillée, j'accède volontiers à ses désirs en me laissant bercer par ses ronronnements qui sont une modulation rassurante produite par la vibration des muscles situés dans le larynx et le diaphragme.

Il est néanmoins important d'observer le comportement du chat car le ronronnement a aussi pour fonction de l'apaiser quand il est inquiet.

Comme la nature fait bien les choses, selon certains spécialistes, le ronronnement dont la fréquence est située aux alentours de 26 Hz, a une portée encore plus étonnante puisqu'il aurait également le pouvoir de stimuler la régénération des tissus situés autour des os.

Zizie adore se tortiller dans tous les sens pour recevoir encore plus de papouilles comme si chaque centimètre carré de son corps réclamait cette attention. Son cou se tend, sa tête se love au creux de mes mains, ses pattes avant s'agrippent à mon poignet et je fonds devant autant d'amour et de confiance car elle s'abandonne sans retenue.

Je n'ai pas sa faculté de lâcher-prise, particulièrement dans le domaine sentimental. À cette notion de lâcher-prise, je préfère d'ailleurs la notion plus Yin de laisser-faire.

Avoir prise sur quelque chose (une idée, une émotion, une peur, etc.) c'est en fait résister au changement que la perte de ce que l'on connaît entraînerait.

C'est d'abord une action mentale Pourquoi ? Parce que c'est le mental qui n'aime pas la nouveauté. Il adore ce qu'il connaît, même si ce qu'il connaît n'est pas parfait ni satisfaisant. Il s'en moque bien, il le connaît et cela lui suffit. Il sait à quoi s'attendre. Lorsque quelque chose est nouveau, que va-t-il se passer ? Qu'est-ce que cela va entraîner pour moi ? Vais-je me mettre en danger ? À quels événements précédents puis-je me référer ? J'ai déjà connu une situation similaire et je n'ai pas envie de la revivre. Voilà les innombrables réflexions et questions que se pose le mental.

Par son attitude Zizie me montre qu'une nouvelle voie est possible et surtout souhaitable. C'est par la confiance, l'ouverture du cœur et la disponibilité à autrui que nous créons notre bonheur pour incarner dans la matière les désirs de notre âme, en guérissant nos blessures du passé pour vivre dans l'équilibre et l'harmonie.

Faisant place à la sérénité matinale, les miaulements incessants de Zizie en début d'après-midi sont autant de signes d'expression que je ne décrypte pas et qui me mettent mal à l'aise.

Et si Zizie n'était finalement pas si bien que cela dans son nouvel environnement ? Je me sens démunie. Les articles que je lis disent tous la même chose, on apprend à comprendre le langage de son chat au fil du temps. Je ne connais pas Zizie alors je fais quoi en attendant ? J'enregistre ses miaulements pour les faire écouter au vétérinaire lors de ma prochaine visite dans quatre jours.

L'index suspendu au-dessus du bouton de démarrage de l'enregistreur vocal de mon téléphone portable, je suis Zizie dans ses déplacements pour capter sa prochaine vibration sonore. Distraite par mon comportement, cette dernière en oublie de miauler ! L'opération dure une bonne trentaine de minutes et je m'arrête après une dizaine d'enregistrements. La concentration, générée par cette activité, a fort heureusement détourné mon mental d'une escalade émotionnelle liée à des pensées ruminantes.

Cette opération achevée, je songe à la jeune maman que j'aurais pu être et qui se serait sentie dépassée par l'impossibilité de comprendre l'origine des pleurs de son bébé. Zizie n'en est pas un mais cet instinct que je ressens est celui d'une louve qui voudrait couver et protéger son petit.

Durant mes réflexions Zizie fait des allers retours entre la fenêtre de la chambre à coucher et celle du salon. Elle alterne des périodes pendant lesquelles elle est câline et d'autres pendant lesquelles elle montre des signes évidents d'indépendance. Ne sachant pas comment réagir, je m'appuie encore et toujours sur ma routine de yoga et de méditation pour gérer au mieux mes émotions.

La salutation au soleil est le point de départ de mon train-train spirituel. Mon corps connaît chaque mouvement et mon mental est concentré sur les sensations qu'il perçoit. Cette routine l'apaise, il se détend et cesse alors de galoper. Est-ce à dire qu'il s'arrête ? Absolument pas car sa fonction est de penser pour me protéger, en se référant à une base de données construite au fil de mes expériences. Dire qu'il est au ralenti serait plus juste. Je n'écoute pas les pensées qui jaillissent inévitablement car je suis tournée vers l'intérieur de mon corps. Chaque mouvement fait vibrer un muscle, étirer un ligament, bouger une articulation et mon rôle est de veiller à ne pas dépasser leur capacité physique du moment. La lenteur est mon alliée. J'éveille mon corps doucement, en conscience. Je l'honore. Pas de compétition, pas d'ego, j'avance à son rythme. L'enchaînement des douze postures, qui constituent la salutation au soleil, a pour but de préparer le squelette à la position assise et immobile de la méditation.

Faire la même chose, encore et encore, m'amène à la concentration et au lâcher-prise qui, ensemble, conduisent à la méditation.

Dans une société qui privilégie la nouveauté, l'extraordinaire ou le spectaculaire, rester dans la simplicité est un gage d'ancrage.

C'est le principe yoguique de Samtosha, le contentement. Accepter ce qui est, sans avoir besoin d'autre chose pour être heureux.

En tant que professeure de yoga, je pourrais effectuer d'infinis enchaînements mais je trouve mon épanouissement dans la routine de la salutation au soleil. Mon corps connaît le chemin et je l'écoute me parler avec attention. C'est lui qui me guide et non l'inverse.

À la fin du cycle des postures, je m'aperçois que Zizie s'est allongée sur le meuble situé non loin de moi. Elle m'observe avec attention sans plus montrer de signes d'agitation. Rassurée, je continue avec la méditation et l'auto-soin Reiki.

Lorsque j'ouvre les yeux vingt minutes plus tard, Zizie n'a pas bougé. En gardant la position assise, je prends une grande inspiration et une longue expiration en penchant mon buste en avant. Les bras tendus, les paumes vers le ciel j'accueille ce moment de calme généré par la méditation. Quelle n'est pas ma surprise quand je sens le petit corps de Zizie se lover au creux de mes mains, s'enrouler en boule pour ne plus bouger comme pour profiter des bienfaits du Reiki qui passe à travers mes mains.

Mon cœur déborde d'amour pour ce petit être. Mes sens captent la magie de cet instant. Le doux toucher du pelage de Zizie, sa chaleur, son odeur suave, la moiteur de son museau, le poids de son corps, j'enregistre chaque détail avec délice et attention. Combien ce moment est précieux à la lueur de mes récentes interrogations !

Je me sens aimée en dépit des tâtonnements, des hésitations et de ma maladresse. Zizie me rassure dans mon rôle de mère et d'énergéticienne. Elle ressent fortement le pouvoir du Reiki qui passe à travers moi et ce, dès le premier jour.

Je n'ose pas bouger, savourant cet instant présent et pleine de gratitude envers l'univers qui a mis Zizie sur mon chemin.

14

Les choses se corsent dès le lendemain car Zizie montre des signes de nervosité.

Toutes griffes dehors, elle s'accroche à tout ce qu'elle peut comme pour passer ses nerfs demandant constamment de l'attention à tel point que j'ai l'impression qu'elle ne sait plus jouer seule. Est-ce que je passe trop de temps avec elle ? Est-ce que je lui retire son autonomie en faisant cela ? Elle quémande des câlins à tout va.

En l'observant de plus près, je lis dans son corps la raison évidente de son mal-être : ses chaleurs. Comment n'y ai-je pas pensé plus tôt quand bien même Hyena et Ekanta m'avaient avertie de ce fait ! Emportée par mes questionnements j'en ai oublié tout pragmatisme alors que l'attitude de Zizie qui pose son ventre contre le sol, la croupe dressée dans la position de la femelle qui veut se faire prendre, est flagrante.

J'assiste pendant la journée et les trois suivantes à un spectacle qui me pèse. Zizie veut sortir, son horloge biologique lui demandant de perpétuer à tout prix sa race. Elle en perd le boire et le manger. Je continue à jouer avec elle mais elle est plus agressive et ses coups de griffes se font plus incisifs.

Dans la chambre à coucher Zizie découvre une trappe qui ouvre sur une anfractuosité contenant le robinet d'alimentation d'eau de l'appartement. D'un coup de patte, la trappe vole en éclat en lui permettant de se faufiler à l'intérieur. Comme je suis obligée d'aller la chercher par trois fois, je décide de bloquer l'accès avec un tableau. Zizie s'énerve alors comme une folle contre cet élément qui l'empêche d'accéder à l'endroit où elle sent certainement des odeurs attrayantes.

Passivement et avec beaucoup d'empathie, je laisse passer cette vague de frustration et de colère.

J'ai hâte de la faire stériliser non pas pour mon confort mais indiscutablement pour le sien. Son corps lui fait vivre un chamboulement qui est difficile à voir. Son animalité ressort. Zizie se sent prise au piège dans cet appartement. Instinctivement elle sait que le salut de son état réside à l'extérieur. Personne ne lui a appris cette leçon, elle est simplement programmée dans chacune de ses cellules. Son mal-être fait peine à voir et je suis impuissante à la soulager.

Malgré l'évidence de ces signes extérieurs, je passe à la clinique vétérinaire pour me rassurer auprès de l'assistante qui, je le sais, va pouvoir m'aider sans me juger. Cela me fait du bien également de m'éclipser dehors quelques précieuses minutes pour aller chercher des réponses et ainsi m'extirper de cette situation pesante.

En arrivant à la clinique, j'ai le plaisir de rencontrer le docteur Mahroug et la conversation s'engage naturellement sur la problématique du cas de Zizie à qui sa collaboratrice a résumé le cas. Il reste songeur quant au fait qu'un professionnel puisse mettre sa réputation et son titre en jeu en faisant une fausse déclaration d'actes de soins sanitaires et il enchaîne en m'informant qu'au vu de mes dires, Zizie est une clandestine, entrée illégalement sur le sol français, avec de faux-papiers de surcroît. En tant que professionnel, il est dans l'obligation d'effectuer une déclaration aux services sanitaires qui entraînera une mise sous quarantaine de Zizie parce qu'elle pourrait être porteuse du virus de la rage, transmissible à l'homme et dont l'incubation varie de trois semaines à plusieurs mois.

Les cas de rage sont de plus en plus rares en France heureusement mais l'issue, toujours mortelle, explique la surveillance accrue des animaux importés. En cas de doute la procédure implique systématiquement la fameuse quarantaine : Zizie serait consignée à domicile durant six mois, sans entrer en contact avec aucun autre animal, et devrait effectuer une visite mensuelle obligatoire durant cette période, soit six consultations non prises en charge me confie le praticien avec prévenance.

Le docteur Mahroug me précise que durant cette période je n'aurai pas la possibilité de me séparer de Zizie en la faisant adopter. « Est-ce que c'est un problème pour vous ? » enchérit-il.

Bien que déstabilisée par cette escalade de mauvaises nouvelles, la réponse jaillit de mes lèvres « Bien sûr que non, je garde Zizie quoi qu'il arrive et quoi qu'il en coûte ». Au plus profond de mon cœur, je suis très attachée à ma petite boule de poils et je mesure la force de ce lien à travers ma réaction et mes mots.

En tant qu'auto-entrepreneure ma situation financière n'est pas stable mais je me moque bien en cet instant de toute considération financière. Je me débrouillerai toujours parce que j'assume Zizie pour le meilleur et pour le pire.

De trop nombreuses questions restant en suspens, il agit pour l'heure comme si Zizie était un chat errant recueilli sans aucune information sur ses antécédents.

Il fera donc le point complet sur la situation dans trois jours, après le premier rendez-vous durant lequel il vérifiera l'état de santé général de Zizie, avec une attention particulière pour son problème de peau dû à la teigne, sorte de mycose contagieuse, transmissible à l'homme mais qui ne met pas la vie de Zizie en danger. Comme il est difficile de l'éradiquer, il souhaite que je me renseigne sur la durée du traitement administré à Zizie, ainsi que la date du début des soins. Il confirmera également si la puce électronique, spécifiée sur le passeport, est bien en place et si le numéro correspond à celui inscrit sur le document officiel.

Même si la situation est complexe et peut s'avérer délicate par la suite, Zizie est entre de bonnes mains, humainement et professionnellement.

N'oubliant pas l'objet initial de ma visite, je décris au mieux le comportement bizarre de Zizie. Mes soupçons sont confirmés par la réponse des deux spécialistes qui mettent en cause ses chaleurs.

De retour à la maison, mon petit félin me fait la fête comme pour faire écho à mon soulagement. La situation est loin d'être réglée mais je suis soutenue et prête à faire face à toute éventualité, administrative ou financière.

Après avoir joué ensemble, j'envoie un message à Hyena qui me rassure aussitôt par un audio en attestant que tous les papiers de Zizie sont en règle. Elle est allée en personne chez le vétérinaire et a réglé, de sa poche, les frais inhérents aux normes sanitaires obligatoires pour toute sortie du pays.

Avec du recul le quiproquo réside dans le fait qu'Ekanta, qui n'est pas pour la vaccination animale et qui parle un anglais approximatif, exprimait un point de vue personnel en me conseillant de ne pas poursuivre le rappel des vaccinations de Zizie.

Me voilà apaisée sur un point, Zizie ne sera pas placée en quarantaine et personne ne pourra me l'enlever. Hyena me donne également tous les renseignements demandés par le Docteur Mahroug concernant les détails de son traitement médical.

Le lendemain je retourne à la clinique pour faire part des derniers rebondissements de cette affaire. L'accueil que je reçois est à nouveau chaleureux et bienveillant. Le docteur Mahroug et son assistante, qui écoutent avec attention l'enregistrement de Hyena sont également soulagés par la tournure des événements.

Deux jours plus tard, Zizie fait la connaissance de son docteur. Au premier abord il n'est pas son meilleur ami mais il sait vite s'en faire une alliée en la prenant dans ses bras et en lui parlant doucement. Il prend le temps d'examiner Zizie sous toutes les coutures ce qui a le don de déplaire à mademoiselle. Le docteur me fait participer autant que possible en me demandant de tenir Zizie quand cela est nécessaire. Devant mes gestes gauches, il me confie mi-figue-mi-raisin que je ne suis pas douée, ce qui a l'avantage de me faire rire et donc de me détendre. Il m'explique alors patiemment comment immobiliser Zizie pour ne pas lui faire mal, comme le ferait une maman chat.

L'étape de la vaccination réclame néanmoins la dextérité et la fermeté professionnelle de son assistante car Zizie se débat comme elle peut, avec force et rage. La collaboratrice du médecin m'explique

que Zizie a peur et que de surcroît, à cause de ses chaleurs elle ne supporte pas d'être touchée ni retenue prisonnière.

L'administration du vermifuge ne se fait pas facilement et le médecin convient même qu'elle a le visage d'un ange mais qu'un petit démon l'habite.

Les dernières vérifications concernant la puce sont concluantes. Tout est en ordre. Aucune déclaration ne sera donc faite aux services sanitaires. Pour couronner ces bonnes nouvelles, les signes de la teigne ne sont plus apparents aux rayons infrarouges.

Rendez-vous est pris dans cinq jours, le 13 février, pour la stérilisation de Zizie.

Sur le chemin du retour, je garde le sac de Zizie serré contre moi pour pouvoir lui parler et la rassurer, suite à cette épreuve, ce qui a l'effet escompté. Arrivée dans l'appartement, après avoir déposé le sac sur le sol, j'ouvre avec précaution la fermeture éclair et Zizie sort tranquillement en venant se frotter contre moi.

Le reste de l'après-midi s'écoule sur un tempo lent façon cocooning. L'injection vaccinale semble l'avoir mise ko car Zizie dort à côté de moi durant tout l'après-midi pendant que je travaille. Rêve-t-elle ?

Comme chez l'Homme, le sommeil du chat est divisé en trois phases : le sommeil léger, paradoxal et profond.

Juste après l'endormissement, le chat entre dans l'étape du sommeil léger pendant lequel il est sensible aux stimuli extérieurs qui peuvent le perturber et le réveiller. La phase du sommeil profond, qui dure de vingt à trente minutes, entraîne un ralentissement des signes vitaux (rythme cardiaque, fréquence respiratoire, etc.) qui deviennent réguliers. Le sommeil paradoxal, qui dure quelques minutes, voit l'activité du cerveau s'intensifier ce qui génère des mouvements oculaires rapides, le pédalage des pattes, d'éventuels petits cris ou encore des mouvements de la queue, des moustaches et des oreilles.

J'observe cette dernière phase chez Zizie lorsque ses pattes se contractent et battent l'air en un mouvement sporadique et spontané.

Quelques heures plus tard, alors que je m'apprête à aller dormir, Zizie se réveille péniblement pour me suivre et s'allonger près de moi dans le lit. Ses yeux se ferment malgré elle et je sens bien qu'elle essaie de lutter contre cette fatigue artificielle qui la submerge.

Tout en la caressant, je lui parle pour la rassurer et Zizie dépose sa patte avant gauche dans ma main, comme pour me signifier qu'elle a besoin de moi.

Mes doigts se referment délicatement sur sa patte, si petite et fragile que je pourrais la broyer en serrant fort.

Je ferme les yeux en savourant le paradoxe d'une grande chaleur diffusée par un si petit corps.

Nous nous endormons toutes les deux, fortes de notre confiance mutuelle et d'une puissante complicité qui nous lie.

15

Le grand jour arrive enfin et la délivrance approche pour Zizie et moi. Un tourbillon émotionnel m'a emportée et ballotée ces trois derniers jours car tiraillée entre la compassion pour Zizie et l'exaspération de son comportement, j'étais pressée que tout cela se termine pour que nous retrouvions toutes deux notre sérénité.

Zizie est tantôt câline à outrance, tantôt sauvage et agressive. Ses miaulements sont difficiles à supporter car elle n'est que désir et ce dernier étant inassouvi, il se transforme en souffrance.

Incapable de la soulager, impuissante face à la torture qu'elle subit, je remets en question mon choix d'adoption car ce qu'elle vit n'est que le reflet de sa nature bestiale et instinctive.

De quel droit est-ce que je prive un animal sauvage de sa liberté ? Est-ce que la stériliser est un signe de maltraitance ou pour le moins un geste contre nature ?

Toutes ces questions tournent dans ma tête mais je ne me laisse pas entraîner dans une ronde infernale.

Ici et maintenant, dans ce contexte, faire stériliser Zizie est primordial et s'avère à mon sens un acte responsable pour lui éviter de vivre ce calvaire chaque mois.

La stérilisation est un acte chirurgical qui a un impact non négligeable sur l'espérance de vie de l'animal qui passe alors de quatorze à dix-huit ans contre six à dix ans en temps normal. Ce résultat s'explique aisément par la suppression des désagréments liés au cycle sexuel, comme les bagarres qui engendrent des morsures ou la transmission de maladies graves, et les fugues qui favorisent les heurts avec les voitures. De plus, les infections utérines et les tumeurs mammaires seraient quasi inexistantes chez les chattes stérilisées.

À la diète depuis hier soir 22h, Zizie n'a pas miaulé une seule fois pour réclamer de la nourriture. Même ce matin où elle doit pourtant ressentir la faim, elle se contente de passer devant l'emplacement usuel de ses gamelles d'eau et de croquettes, de constater que tout a disparu et de repartir. C'est un brave petit soldat ma Zizie d'amour. Avec l'expérience de la rue elle est habituée à l'incertitude des jours qui se suivent sans se ressembler. L'abondance pour Zizie c'est de profiter de ce qui est, pas de ce qui pourrait être.

Elle n'est pas encore accoutumée au confort des chats apprivoisés qui n'ont plus besoin de chasser même si ce comportement prédateur s'exprime toujours d'une manière ou d'une autre. Aucun être ne peut totalement réprimer sa nature profonde. En tant qu'humain nous portons des masques, nous enfouissons trop souvent notre personnalité, nous jugulons nos désirs et nous nous emprisonnons dans des cages dont il est bien difficile de nous extraire créant, par là-même, notre enfermement. Les animaux nous enseignent la fidélité à notre essence, en suivant notre instinct sans en avoir peur.

9h15 sonne l'heure imminente de notre départ. À la vue du sac de transport, Zizie court, évidemment, se réfugier sous le lit. Quelques douces palabres plus tard, elle accepte de se laisser glisser par l'ouverture du petit bagage. Comme convenu, à 9h30 tapante, je la dépose à la clinique où elle est accueillie chaleureusement par l'assistante du Docteur Mahroug qui me rappelle que je peux récupérer Zizie aux alentours de 16h30. Une longue journée s'annonce durant laquelle je compte faire un ménage de printemps et m'adonner à une tâche que je n'ai plus le droit de faire pour protéger Zizie : ouvrir en grand les fenêtres.

Choisir c'est renoncer.

En accueillant Zizie, j'accepte les obligations liées à sa présence. Un animal est une source infinie de bonheur, de plaisir, d'amour et aussi de contraintes, de peine et de limites. Une période d'adaptation est toujours nécessaire pour sortir de ses habitudes et de sa zone de confort pour aller vers un nouveau paradigme libérateur.

Zizie m'amène à percevoir la subtilité et la profondeur de concepts spirituels que je croyais pourtant avoir saisis comme l'Amour inconditionnel, la liberté ou la dualité car elle est le socle révélateur de ma sensibilité, de mes émotions et de mes traumatismes. Il faut du temps pour appréhender la complexité de ce qui est. La philosophie yoguique fait référence à Maya, le voile de l'illusion qui nous cache la réalité de ce qui existe (choses ou personnes) et entraîne la dualité qui nous sépare de l'unité de l'univers. Mon expérience m'amène à réaliser que ce voile est composé de nombreuses strates qui sont associées à nos schémas mentaux. La dépendance et le lien que nous entretenons avec ces derniers nous aliènent et conduisent à notre souffrance. Nos illusions demandent à être libérées, l'une après l'autre, pour guérir et atteindre l'accomplissement. Lâcher-prise sur cette structure est un long cheminement, fruit d'une introspection qui conduit à la sagesse.

Pour l'heure, aussitôt rentrée, je savoure le plaisir de créer un courant d'air délicieusement frais qui fait irrémédiablement virevolter les poils de chat. Maniaque de nature, ces derniers étaient une source de questionnements certains et de freins à l'accueil d'un animal dans ma vie, mais voilà que j'apprends à inclure de la douceur dans cette obsession. Je perçois de nouveau l'aspect Yin et Yang de chaque chose et de chaque situation.

Les poils de Zizie s'insinuent dans les moindres recoins de l'appartement et je m'évertue à les débusquer pour les emprisonner dans le ventre de l'aspirateur.

Je retrouve cinq stylos, dont j'avais perdu la trace, étalés aux quatre coins du logement, derrière le canapé, le frigidaire et sous le radiateur.

Le drap de mon lit est couvert de poils mais j'ai accepté cet état de fait depuis quelques jours car le plaisir de sentir Zizie collée contre moi dépasse tout entendement. Elle a le droit de se balader où bon lui semble, aucun endroit ne lui étant interdit dès lors bien sûr que cela ne la met pas en danger.

Quand je travaille, elle passe et repasse sur le clavier de l'ordinateur avec la grâce d'une reine qui sait qu'elle peut tout se permettre. Un nombre incalculable de « copie écran » se sont effectuées par le doux toucher des coussinets de Zizie et je ne compte plus le nombre de fois où j'ai dû redémarrer l'ordinateur car il m'était impossible d'avoir accès à la souris après son passage. Nécessité faisant loi, je me suis adaptée à la situation en cherchant une solution plus simple et dorénavant j'enfonce la touche F6 pour ne pas avoir à passer par l'étape fastidieuse du redémarrage.

Idem pour les poils de chat, grande est ma joie quand je découvre qu'un simple gant, humide, en latex fait des miracles sur les tissus des coussins ou des vêtements. À tout problème sa solution !

La maison semble vide sans la présence de Zizie. J'ai régulièrement une pensée pour elle et je vérifie à intervalle régulier qu'aucun message du vétérinaire n'indiquerait un quelconque problème.

En fin d'après-midi, l'appartement est prêt à recevoir la jeune convalescente pour un temps de récupération et de repos nécessaires à son rétablissement avant ses futurs assauts. L'heure des retrouvailles approche et il me tarde de voir Zizie.

Lorsque je passe la porte de la clinique, le docteur Mahroug me rassure sur le bon déroulement de l'opération tout en m'avertissant que Zizie est agitée. Je constate ce doux euphémisme en entendant les crachements de mécontentement qui émanent du bagage de Zizie. Cette dernière est tellement excitée que le sac, posé comme il se doit sur un support en hauteur, tangue dangereusement. Le ballottement est si fort que l'assistante du praticien décide d'isoler la petite furie, pour sa sécurité, dans une pièce vide adjacente, le temps que je règle la note et que je prenne connaissance du traitement post opératoire.

Ce dernier consiste à lui administrer chaque jour, pendant dix jours, ½ comprimé et d'absorber une solution buvable pour laquelle le docteur me donne une pipette tout en mimant, à l'aide de son chat, la meilleure façon de maintenir la tête de Zizie pour lui injecter le produit à l'intérieur de la bouche.

À première vue l'opération est simple à réaliser car le chat se laisse faire docilement mais voilà le hic, Zizie est beaucoup moins passive.

Tout en écoutant attentivement les conseils du médecin, je choisis de ne pas suivre mon mental qui me rappelle ironiquement que j'ai déjà eu bien du mal à appliquer une simple crème sur sa patte alors quid de lui faire avaler quoi que ce soit contre sa volonté !. Ma préoccupation immédiate est de ramener Zizie dans son environnement pour qu'elle se sente enfin en sécurité et qu'elle puisse s'apaiser.

Sur le chemin du retour, le sac contre moi, je parle doucement à Zizie pour la calmer tout en démarrant un soin Reiki qui produit, comme d'habitude, un effet immédiat sur la malade.

Mon soulagement d'être chez nous et de ne plus entendre Zizie s'agiter ni cracher est de courte durée car à peine s'est-elle extirpée hors du sac que j'entends le son lourd de son corps qui tombe sur le sol suivi d'un long miaulement déchirant qui me brise le cœur. Zizie essaie de se relever sans pouvoir y arriver et, s'écrasant à nouveau sur le parquet, le même son plaintif s'échappe de sa gueule. Ayant réalisé qu'elle ne peut pas tenir sur ses pattes, elle se traîne sur le sol en cherchant à se diriger vers la chambre. Son petit corps maigre est bandé pour permettre une meilleure cicatrisation en lui ôtant toute tentation de tirer sur les fils avec ses dents mais Zizie est bien loin de ces considérations à cet instant car elle ne comprend pas ce qui lui arrive.

Cela me fait tellement peur de la voir dans cet état que je téléphone aussitôt à la clinique. L'assistante me précise que l'organisme de Zizie doit avoir du mal à évacuer le produit anesthésiant. Par mesure de précaution, elle me propose de venir chercher une grande caisse pour obliger Zizie à rester tranquille, par sûreté, dans un espace confiné.

Mon instinct me crie que Zizie a juste besoin d'être rassurée car elle a peur et qu'elle ne supportera pas de rester enfermée. Je décline la proposition, en sachant que si son confinement s'avère néanmoins nécessaire, sa propre cage de transport dans laquelle elle a voyagé, est à portée de mains dans ma cave.

Zizie continue sa progression, ventre à terre. Elle fait quelques tentatives pour se relever, mais toutes sont vouées à l'échec car sa jambe arrière gauche ne la soutient aucunement. Ses miaulements répétés sont déchirants. Elle souhaite grimper sur le lit pour retrouver son coin fétiche mais là encore elle se heurte à l'impossibilité de le faire à cause de la douleur. Son petit corps retombe mollement sur le plancher. Je me sens si impuissante ! Je ne peux pas la prendre dans mes bras par crainte de lui faire mal. Zizie a trouvé refuge sous le lit alors je m'allonge face contre terre et je lui parle, comme au premier jour. La vie est un éternel recommencement.

Au bout de plusieurs minutes elle s'approche, me laissant la possibilité de lui toucher la patte avant et je la sens à bout de forces.

Tout à côté du lit, encastré dans le mur, à hauteur du sol, se trouve un espace aménagé de rangement dans lequel je stocke le linge de maison. Il me vient à l'idée d'y prendre une serviette pour faire un nid douillet à Zizie. Toute à ma tâche, je ne prends pas la peine de refermer la porte du placard. M'approchant de Zizie, je dépose non loin d'elle la serviette soigneusement choisie pour son confort. Zizie s'approche et contre toute attente, dédaignant cette option, elle préfère se traîner dans le placard, à seulement quelques centimètres de distance.

Miaulant et couinant à chaque mouvement, Zizie réussit à se poser sur la petite pile de draps. Roulée en boule, elle me fait penser à un fœtus dans le cocon de l'utérus de sa mère. C'est peut-être ce qu'elle a instinctivement cherché à recréer dans cet espace.

Avec beaucoup d'émotions et de précautions, en m'agenouillant au sol, j'approche la paume de ma main de son visage, prenant soin de vérifier qu'elle ne se sente pas oppressée par mon geste. Elle ne bouge pas mais elle accepte l'attention que je lui porte. De longues minutes s'écoulent avant qu'elle ne relève la tête et qu'elle dépose sa patte avant gauche au creux de ma main. Mon cœur explose de bonheur car, dans sa souffrance, elle reconnaît et accepte l'aide que je peux lui apporter.

L'obscurité a maintenant envahi l'appartement. En ce début du mois de février, la nuit tombe vite. Je n'ai que faire de ce détail ni du fait que je suis diablement mal installée, à même le sol dont je ressens de plus en plus la dureté. Tout ce qui m'importe est le confort de Zizie.

Durant 1h30, dans le noir et le silence, je reste près d'elle, ma tête dans le placard à quelques centimètres de la sienne, tout en lui faisant un soin Reiki. J'ose à peine bouger sauf quand mon corps m'indique que la position que je lui impose est trop inconfortable pour être acceptable. Je me déplace alors avec d'infinies précautions pour ne pas perturber Zizie.

Vient finalement le moment où elle sort de sa prostration en levant la tête. Doucement je décide d'aller lui chercher des croquettes pour qu'elle reprenne des forces car elle n'a pas mangé depuis près de vingt-quatre heures. Pour lui permettre de s'alimenter, je dépose une dizaine de croquettes au creux de la paume de ma main. Tel un oisillon, Zizie picore et le contact de sa petite langue râpeuse me semble la plus douce des sensations. L'effort que cela lui demande est énorme car elle s'arrête à maintes reprises avant de recommencer. Je réitère cette opération avec l'eau.

Profitant de cet instant d'éveil, je ferme les volets de la fenêtre de la salle à manger, qui donne sur la rue, et j'allume la lumière. Ces tâches effectuées, je retourne auprès de ma convalescente pour continuer à lui apporter mon soutien et l'amour inconditionnel dont elle a besoin.

Rassérénée, ma fière et intrépide guerrière décide de s'extirper de son cocon. J'ai le plaisir de constater qu'elle est plus solide sur ses pattes même si sa progression est lente. Un long miaulement rappelle à l'une et l'autre que toute montée sur le lit est impossible. Je dois impérativement trouver une solution pour cette nuit car il est hors de question que je dorme dans le lit en laissant Zizie seule. Elle va forcément vouloir me rejoindre et risquer de se faire mal et dans ces conditions comment fermer l'œil de la nuit ?

La simplicité de la solution m'apparaît alors avec évidence. En déposant le matelas de mon lit sur le sol du salon, Zizie pourra être près de moi durant son sommeil et rejoindre facilement sa litière, en toute autonomie.

Mon appartement, si bien rangé quelques heures plus tôt, est déjà un véritable champ de bataille. L'opération camping est une totale réussite. Lorsque je me glisse sous la couette, Zizie me rejoint aussitôt. Comme à son habitude, elle se positionne à côté de ma tête en s'enroulant sur elle-même pour placer son petit corps au creux de mes mains.

Je prends cette attitude comme une invitation à continuer le soin Reiki. Entre deux assoupissements, je passe la nuit à soulager Zizie par l'énergie de Vie universelle.

Le lien qui nous a unies cette nuit-là est précieux et indescriptible.

16

Le lendemain, j'ai le plaisir de constater que Zizie se déplace avec aisance dans l'appartement.

Elle n'a pas beaucoup de forces aussi doit-elle se reposer très régulièrement, mais elle ne souffre pas et c'est bien là l'essentiel. Elle a retrouvé son autonomie car elle peut à nouveau monter sur le lit ou grimper sur la chaise pour atteindre le rebord de la fenêtre à tel point que la scène de la veille me semble irréelle et lointaine. Pendant que Zizie joue tranquillement, je récupère de ma nuit presque blanche.

Par mesure de prudence je n'ose toujours pas la prendre dans mes bras de peur de lui faire du mal par inadvertance. Zizie est très câline et elle recherche régulièrement ma présence, ce qui flatte mon ego de maman. Tout en la caressant, pour pallier ce manque de contact physique profond, je lui parle régulièrement et elle m'écoute avec attention.

En faisant les courses hier, j'ai acheté de nouvelles croquettes pour chat stérilisé car ma petite Zizie est devenue grande mais tristement dans la douleur.

Notre vie d'humain n'est pas linéaire, nous alternons avec des hauts et des bas, nous apprenons à gérer des événements déplaisants, d'autres qui nous challengent. Chaque période que nous traversons à sa raison d'être que nous ne comprenons peut-être pas mais que nous devons vivre avec le plus de confiance possible. Lorsque nous sommes prêts nous en découvrons le sens avec notre cœur. C'est cela la conscientisation. Vivre, agir et expérimenter sont essentiels pour avancer. Ainsi va la vie des animaux qui sont également des âmes incarnées et ma petite Zizie n'échappe pas à cette règle. Que doit-elle expérimenter ?

Que suis-je en train d'apprendre moi-même avec mon cœur ? Mon intuition me souffle que je goûte l'amour maternel dans sa forme inconditionnelle. Je n'ai pas pu le faire avec un enfant alors l'univers a mis sur ma route Zizie. En suivant mon instinct, malgré mes peurs et mes doutes, j'ai accepté ce défi nécessaire pour mon évolution.

Cette journée est consacrée pour nous deux à la récupération physique de la nuit dernière qui a été éprouvante, à bien des égards, sur nos organismes respectifs, émotionnellement et énergétiquement. Heureusement Zizie a bon appétit et son attrait pour ses nouvelles croquettes fait plaisir à voir.

Je choisis de recharger mes batteries en m'adonnant à Savasana.

Toute séance de yoga se termine par cette unique posture qui permet au corps d'assimiler les tensions du travail qui vient d'être effectué. Cet intervalle de repos, égal à une suspension du temps, prépare le corps à pouvoir agir et avancer d'une manière optimale par la suite.

Le mot sanskrit se compose de deux termes "Sav" (cadavre) et "Asana" (posture).
Le yoga trouve son origine en Inde où le sens de la mort, qui s'entremêle à la vie, est naturel. Mourir, c'est se libérer de son état physique pour aller vers une condition meilleure. La mort est une simple conséquence de la naissance. En occident, nous n'entretenons pas le même rapport au dernier sommeil. D'ailleurs le terme "posture du cadavre", considéré comme morbide, est souvent remplacé par "posture de repos" ou est prononcé suivant son appellation d'origine : Savasana. Pourtant la métaphore est intéressante et très symbolique, on se ferme au monde extérieur pour entrer dans un monde nouveau, intérieur.

Cette posture est à l'image même de la vie, simple et complexe. Idéalement, Savasana s'effectue dans un endroit calme, aéré, propre et sans perturbation extérieure (musique, téléphone, etc.). Le dos à plat sur le sol, les yeux fermés, les pieds sont légèrement écartés de la largeur des épaules. Les bras sont étirés dans un espace plus large que les jambes, paumes tournées vers le ciel. Les sens sont en éveil mais le relâchement corporel est total. C'est là que réside la complexité de cette asana : l'infime équilibre entre conscience et lâcher-prise. L'attention est tournée vers la respiration, le corps et ses sensations mais sans ne jamais rien contrôler, ni juger, ni interpréter. L'aventure commence alors. Un voyage avec soi et au fond de Soi. La notion de performance est absente, inopportune, saugrenue.

Si des pensées apparaissent, il faut simplement les laisser passer sans s'y accrocher, les entretenir ou les nourrir. En cela, Savasana s'apparente à une forme de médiation relaxante, sans en être une. En effet, l'état méditatif s'effectue en position assise mais confortable, pour que le corps, longuement préparé par les asanas, ne soit pas une source de distraction.

L'accomplissement de Savasana lui, est un repos corporel total dans la pleine conscience mentale. L'étendue accordée à ce moment est idéalement de 20 à 30 minutes parce que c'est la durée nécessaire pour que le corps entre en relaxation. Cet état atteint, la conscience est tournée à l'intérieur, sans attraction pour le monde extérieur (exemple : le téléphone peut sonner, nous ne sommes pas stimulés par le fait de savoir qui appelle, si on doit répondre ou non). Quelquefois on expérimente un moment de déconnexion (à ne pas confondre avec le sommeil), l'absence, l'impression d'être "parti", d'avoir fait un voyage.

Savasana est un rendez-vous unique et précieux avec soi. Nous devenons notre guide intérieur, l'observateur de notre corps et de ses sensations. En cela, cette asana va à l'encontre des rythmes de nos sociétés occidentales où la performance et l'agitation sont de mise. Même dans le monde du yoga, hélas ! De trop nombreux adeptes sont en demande de postures sensationnelles et spectaculaires en égratignant au passage, l'essence même de la philosophie.

Savasana, c'est le corps qui dort et l'esprit qui observe, c'est le cadeau du silence et de l'immobilité.

Rares sont les moments de tranquillité et Savasana permet de nous recentrer en étant dans l'abandon, dans l'intime et dans la simplicité.

Prendre soin de soi n'est pas inné. C'est un cheminement qui fait souvent suite à une prise de conscience douloureuse et qui résulte d'un processus de transformation intérieure qui s'opère avec lenteur et discrétion.

On prend soin de soi lorsqu'on s'aime suffisamment pour se choisir, quelles que soient les circonstances.

C'est cela la voie du yoga ancestral, celui qui transmet la parole des sages et qui mène à la méditation. Ce chemin ouvre les portes de la guérison de nos blessures conscientes et inconscientes, pour nous permettre de voyager plus léger et de tracer enfin notre route, en affrontant l'inconnu avec confiance et instinct.

Zizie et moi avons grand besoin de ce moment. Dès que je m'affaire à la mise en place des accessoires (coussins, couverture, masque pour les yeux) Zizie s'approche du tapis de yoga et attend patiemment que je m'allonge.

Elle se positionne alors à mes pieds et nous effectuons, individuellement, portées par une énergie commune, un voyage silencieux, récupérateur et ressourçant.

17

Zizie a rendez-vous dans quinze jours à la clinique vétérinaire pour le retrait des fils.

Le pansement, qui protège ces derniers ne la gêne pas durant trois jours. Au-delà les choses se corsent car Zizie se fait un point d'honneur à méticuleusement arracher le bandage. Mon but est de l'empêcher de mettre ses fils à nu car, en les découvrant, elle risque de vouloir tirer dessus.

Pour faire diversion, je trouve enfin une utilisation au masque facial acheté à Bangkok en 2018. L'avenir me confirmera l'utilité de cet achat intuitif dont je n'avais pas compris l'importance ni l'avantage à l'époque. Voilà pourquoi écouter son intuition est primordial même quand on n'en comprend pas mentalement les raisons.

Affubler Zizie de ce bout d'étoffe a tourné au plan commando. Elle a beau ne pas être au mieux de sa forme, elle n'en reste pas moins un félin agile et rapide. D'un simple regard, elle semble comprendre ce que je trame et lorsque je m'approche, elle file loin de moi. Après avoir réussi, non sans mal et surtout sans compter mon temps, à ruser pour enfiler le masque autour du ventre de ma petite boule de poils, je noue l'élastique au plus près de son corps.

Ce dérivatif fonctionne parfaitement pour ma plus grande fierté, mais je vais vite déchanter cinq jours plus tard.

Pour l'instant lorsque Zizie se lèche, sa langue rencontre l'élastique et la présence récalcitrante de ce caoutchouc étirable l'énervant au plus haut point, elle s'acharne dessus avec une telle rage que je crains pour ses dents. En même temps je ressens un véritable soulagement car cela détourne son attention du bandage.

Mon répit est de courte durée car l'épreuve de l'administration des médicaments m'attend. Le docteur Mahroug m'a montré le bon geste pour immobiliser la tête de Zizie afin de lui ouvrir la gueule pour l'injection du liquide antidouleur contenu dans la seringue.

Je ne me sens pas capable de le faire. J'ai beau regarder des tutoriels sur YouTube pour me rasséréner et m'encourager, rien n'y fait. Je crains de lui faire mal, de la stresser par ma maladresse et qu'elle me morde. Je n'ai pas envie de trahir sa confiance et pourtant je dois trouver une solution car c'est pour son bien. Sur les conseils d'un ami, je mélange la solution buvable à du lait de soja, puisque je ne bois pas de lait de vache. L'illusion est parfaite et Zizie se jette sur le précieux breuvage. Concernant le comprimé, ce même ami me souffle de le dissimuler dans un bout de fromage. Quelle trouvaille ! Zizie raffole de cette gâterie culinaire et moi je suis soulagée que tout se passe en douceur. La nécessité d'une action ne requiert pas toujours la force ou alors une force tranquille. Le compromis de la douceur est toujours possible car ces deux qualités sont présentes, en quantité variable, en chaque être vivant et chaque situation. Faire le choix de la douceur équivaut à respecter Zizie, la couleur de ses émotions et le poids de son passé qui la hante. Une douce puissance, voilà certainement la clé pour créer un savant mélange qui n'oppose pas mais qui unit.

Au matin du septième jour, le masque en tissu a rendu les armes face à ma petite sauvageonne et les fils opératoires apparents me permettent de constater que les deux cicatrices latérales sont belles et ne présentent aucun signe d'inflammation.

Notre vie a repris son cours initial mais un affrontement pacifiste s'installe entre nous deux chaque fois que Zizie procède à sa toilette. Un claquement sec dans mes mains, l'appel de son nom d'une voix ferme ou mes doigts qui recouvrent son ventre sont autant de techniques pour détourner son attention de la zone sensible. Au retentissement du bruit ou à mon contact, Zizie lève le nez, porte son regard vers moi et sa réaction suivante est alors aléatoire. Quelque fois obéissante elle délaisse son obsession pour jouer et de temps à autre, indisciplinée, elle continue son manège, indifférente à mes actions. Cette surveillance est exténuante et les jours qui me séparent du rendez-vous à la clinique me semblent interminables.

Quelle solution puis-je trouver ? Je choisis de couper une longue bande de tissu dans un vieux drap pour entourer le corps de Zizie. Sur le papier l'idée est excellente mais la réalité me prouve que rien ne vaut le passage à l'acte pour se rendre compte de la faisabilité d'un projet.

Pourquoi est-ce complexe à réaliser ? D'une part Zizie bouge sans arrêt, d'autre part elle se tortille tellement que je n'arrive pas à ajuster efficacement le tissu. En conclusion, ce stratagème fonctionne pendant au mieux une heure ou deux et je dois recommencer l'opération régulièrement. Trop souvent à mon goût. Je me transforme en gendarme pour la protéger d'elle-même mais Zizie, ne l'entendant pas de cette oreille-là, chasse le corps étranger qui l'incommode.

N'y tenant plus, deux jours plus tard, je rends visite au docteur Mahroug pour lui expliquer la situation.

Devant mon désarroi, il me propose gracieusement de voir Zizie. Habitant non loin de la clinique je rentre rapidement pour la récupérer. N'appréciant pas de voir son sac de voyage qui doit lui rappeler sa dernière expérience douloureuse, Zizie court se réfugier sous le lit. Usant de toute ma persuasion, je lui parle doucement et Zizie consent à s'approcher de moi pour que je la prenne dans mes bras.

Arrivées chez le vétérinaire, je l'avertis illico qu'en voyant Zizie il va se moquer de moi. Il sourit et au moment où elle sort du sac, il s'exclame :

-« C'est bien, vous avez fait quelque chose »

Ces mots réconfortants me vont droit au cœur. Même si ce que j'ai fait n'est pas parfait et que cela ressemble à du bricolage, j'ai agi pour protéger Zizie et c'est mieux que rien. L'action prévaut toujours sur l'inaction, même si elle n'est pas idéale.

Le docteur Mahroug ôte le tissu retenu par une épingle à nourrice et coupe le pansement qui pendouille lamentablement. Il confirme au passage que l'aspect de la cicatrice est parfait. Malgré le risque que Zizie arrache ses fils, il ne souhaite pas en appliquer un autre car une rougeur vive sur la chair, causée par la colle du pansement, indique que la peau délicate de ma boule de poils est à vif.

Je comprends mieux la raison de son acharnement à retirer ce pansement qui la faisait souffrir. Elle avait juste besoin de se lécher pour se soigner.

À l'aide d'un spray, le médecin applique un pansement de couleur argentée sur les fils des deux cicatrices. Il me précise néanmoins que Zizie ne doit toujours pas lécher cette zone aussi, pour l'aider à vaincre la tentation, il me propose une collerette que je décline, persuadée que Zizie, ma petite Zizie, saura bien se tenir.

Quelle désillusion !

Je reprends le chemin de la clinique dès le lendemain. Pas dupe, le docteur Mahroug a deviné le motif de ma venue car avec un large sourire il m'annonce qu'il était persuadé que j'allais revenir. Intriguée, je l'interroge sur la raison pour laquelle il n'a pas insisté la veille et, avec la sagesse de l'homme qui connait parfaitement la gent féminine, il me répond qu'il a appris depuis longtemps à ne pas contrarier une femme. Tout en applaudissant intérieurement cette philosophie de vie et cet humour, j'éclate de rire.

Une collerette en main, le médecin m'explique comment faire glisser la tête de Zizie dedans. Devant mes yeux exorbités, il me propose une nouvelle fois d'aller chercher mon félin.

Retour au pas de course à l'appartement et réaction similaire et prévisible de Zizie face à la vue du sac.

Prudente, j'ai anticipé son attitude en lui parlant et je réussis à l'attraper avant qu'elle n'atteigne le lit. L'assistante du docteur m'accueille car ce dernier a dû s'absenter entre-temps pour une urgence, et c'est elle qui me montre comment effectuer la délicate manœuvre. Zizie n'appréciant pas du tout d'avoir la tête emprisonnée, l'assistante me conseille de lui retirer sa collerette de temps en temps si cela s'avère trop contraignant pour elle. Tout en acquiesçant, je me dis en mon fort intérieur que je ne vais certainement pas me risquer à la lui enlever pour devoir la lui remettre.

De retour à la maison, Zizie sort du sac en se dandinant pour compenser une vision désormais tronquée. Elle balance sa tête de gauche à droite pour s'orienter car son angle de vue est désormais déformé. Elle se cogne partout et cela l'agace au plus haut point. À l'aide de ses pattes avant, elle tente d'enlever la collerette, évidemment sans succès aucun.

À la voir de nouveau confrontée à une forme d'impuissance, je m'interroge sur le sens de ce qu'elle vit. Entre un début de vie difficile dans la rue, la teigne, une immunité faible, le déracinement, ses chaleurs, l'opération et maintenant la collerette, Zizie bataille depuis son plus jeune âge.

Quel est le sens de tout cela ?

Quelle âme choisit de se réincarner en chat ?

Une seule personne peut comprendre et accéder à ma demande, aussi j'adresse un message à Hyena.

Elle me répond aussitôt par un discours audio en me disant qu'il s'agit principalement d'âmes animales mais aussi de familiers ou encore de guides qui s'incarnent de manière volontaire en félin, missionnés notamment pour prendre les maux des gens ou pour nous épauler le laps de temps nécessaire à une évolution ponctuelle.

Hyena me précise qu'une âme a la capacité de se fragmenter en plusieurs âmes, jusqu'à cinq, et que chaque morceau peut s'incarner en différents chats.

Ces fragments ont une mission commune et à la mort des chats concernés, l'âme se reforme.

Ces explications m'ouvrent sur de nouvelles perspectives spirituelles et résonnent en moi car l'arrivée de Zizie dans ma vie n'est pas fortuite, je le pressens depuis le début et je l'expérimente jour après jour.

Bercée par cette pensée, je m'endors tranquille mais je ne suis pas au bout de mes surprises.

18

À l'instant même où j'ouvre les yeux, à mon réveil le lendemain, une intuition me pousse à allumer l'ordinateur.

L'explication que je recherche se trouve dans le dossier « Livre »

J'ouvre fébrilement le document Word « Contact avec le comité ».

Dans ce document, je relate mon réveil spirituel dans lequel j'ai expérimenté ce qui est invisible pour les yeux mais éternellement présent pour mon cœur.

Aujourd'hui, en relisant fébrilement le récit de mon aventure, la synchronicité du chiffre sept qui entoure la venue au monde de Zizie me saute aux yeux.

En numérologie l'énergie vibratoire de ce chiffre est la découverte des vérités ultimes que notre âme nous pousse à découvrir et qui résident en notre fort intérieur.

Voilà donc le trait d'union entre ce que Hyena m'a confié hier, sur une des possibles raisons d'incarnation d'une âme dans un chat, et sur mon vécu.

La numérologie, ou science des nombres, est un formidable outil de développement personnel qui nous révèle à nous-même en mettant en lumière notre relation aux autres. Les chiffres et leur symbolique ont fasciné les civilisations antiques comme les contemporaines. La numérologie tire son origine de l'arithmancie Pythagoricienne qui établit les propriétés des chiffres de un à neuf. Selon François Notter (énergéticien-numérologue), qui définit la numérologie comme la grande sœur de l'astrologie, il est recommandé au chiffre sept « de laisser poindre à l'horizon de son paysage intérieur la vibration de ses élans mystiques et spirituels » (Extrait du « Grand livre de la numérologie » aux éditions De Vecchi).

Ce chiffre sacré symbolise pour les Anciens la fin de la création de l'univers, il est également le symbole de l'abondance divine avec les sept merveilles du monde, les sept sacrements, les sept douleurs de la vierge, les sept péchés capitaux, etc. Le sept évoque à l'avenant la concentration, la méditation, le renoncement, le repos ou encore le silence.

Zizie est née sept jours après ma rencontre avec mes guides, six ans et un jour après mon avortement, sept ans après ma rencontre avec le père de mon enfant.

Comme je l'ai toujours pressenti, elle n'est pas entrée dans ma vie par hasard. Il est évident qu'elle me fait travailler spirituellement mon rapport à la maternité et à l'amour dans sa phase la plus large en œuvrant à ma guérison.

Dans le salon, où je suis assise sur le canapé, cette incroyable découverte me plonge en pleine réflexion et comme pour valider cette révélation, Zizie trottine pour me rejoindre et, en dépit de sa collerette, tente de se frotter à moi.

Dans un élan du cœur et portée par les sages paroles de la collaboratrice du docteur Mahroug, je lui enlève sa collerette. En la voyant manifester un enthousiasme débordant, mon cœur bondit de joie et je souris car sa délivrance fait écho à la mienne.

Nous sommes toutes deux, à ce même instant, soulagées d'un poids. J'ai toujours pensé que tout a un sens, qu'il n'y a pas de hasard juste des coïncidences, que chaque épreuve ou expérience que nous vivons est une leçon pour nous permettre d'évoluer si nous en apprenons la leçon.

Zizie est le fil d'Ariane qui relie les périodes de ma vie liées à la maternité. Touchée et émue, je décide de reporter ma séance de yoga ainsi que le petit déjeuner pour fêter ce bel événement avec elle. Nous jouons alors comme deux folles dans une course poursuite endiablée.

Le reste de la journée s'écoule tranquillement. Zizie, que je nomme affectueusement ma petite concierge, profite de sa liberté retrouvée en naviguant entre son poste d'observation à la fenêtre et le tapis de yoga sur lequel elle fait ses griffes.

Je garde un œil sur elle afin de vérifier qu'elle ne soit pas tentée, en douce, de tirer sur ses fils apparents. La phase la plus critique reste la nuit car je ne peux pas la surveiller donc au moment de me coucher, je me résous à lui remettre la collerette.

Ma première erreur est de ne pas avoir anticipé le fait qu'après 22h Zizie entre dans une phase turbulente. Je tente vainement de l'attraper mais elle interprète mes tentatives comme un jeu. Lorsque j'arrive à la bloquer, elle se débat tellement que je ne pousse pas l'expérience plus loin. De nouveau je suis confrontée à la résistance de Zizie à accepter ce qui est pour son bien. Je ressens une dualité entre lui faire plaisir et la protéger en lui imposant ce qui ne lui plaît pas. Encore et toujours son attitude est le fidèle reflet de ce que je suis et ressens.

Par sa résistance Zizie me demande de regarder la mienne.

Ce qui est vrai pour moi, c'est que mon âme est incarnée pour suivre un plan précis, choisi avant ma naissance. Quel est le but de ce plan ? Me connaître, à travers les expériences de la vie, pour me libérer des peurs et des dépendances qui me maintiennent dans le cycle des incarnations successives.

Me réaligner, vivre en conscience, me réaliser, m'accepter et m'aimer prend du temps, de nombreuses vies dont le nombre dépend de ma capacité à résister au changement de paradigme.

Dans ce parcours initiatique je conserve mon libre-arbitre qui s'exerce à travers mes choix et mes actions, en ce sens il n'y en a pas de bons ou de mauvais.
Par la méditation et le Reiki, je peux à tout moment me relier à mon âme qui me parle à travers mon intuition pour me rappeler ma mission de vie.
Le chemin de la méditation m'apprend l'intériorité et le silence nécessaires à l'écoute de sa douce et subtile musique.

À quoi est-ce que je résiste dans ma vie ? La réponse de l'amour m'apparaît comme une évidence. Quel lien est-ce que j'entretiens avec cette énergie qui demande à être reconsidéré ?

L'amour, dans ses deux facettes, invite à donner et recevoir. Il commence par soi-même car comment peut-on offrir ce que l'on n'accepte pas ?

Pour l'heure, j'identifie que Zizie me fait travailler mon rapport à la force et la douceur, au Yin et au Yang. Imposer ne signifie pas ne pas aimer. Imposer peut se faire dans la douceur et l'Amour.

Je décide donc de fatiguer Zizie au maximum pour lui permettre d'atteindre un état de calme plus propice à l'acceptation d'une contrainte. Et cela fonctionne à merveille. Une fois écroulée de fatigue, lovée en boule à sa place habituelle, je m'approche pour glisser, avec une facilité déconcertante, la collerette autour de son cou si délicat.

Ronronnant de plaisir sous mes caresses, Zizie s'aperçoit à peine de ce qui vient de se passer. Je reste avec elle le temps que ses yeux se ferment et dès l'arrêt du doux bruit généré par ses cordes vocales, je m'endors à mon tour.

Les trois jours qui nous séparent du dernier rendez-vous avec le docteur Mahroug pour enlever les fils se suivent et se ressemblent.

Le matin, alors que la nuit recouvre encore la ville, un bout de plastique effleure ma joue. J'ouvre un œil et tout en disant bonjour à ma petite boule de poil, je retire l'objet qui nous sépare de nos caresses matinales.

Délivrée de cet attirail encombrant, Zizie savoure sa liberté en se tortillant, tendant son cou gracile et exhibant son ventre pour obtenir plus de câlins. Durant la journée, elle lèche de moins en moins la zone de son ventre comme si elle avait intégré la leçon. Son acceptation de la contrainte de la collerette passait certainement par la mienne.

Le jeudi, jour de notre rendez-vous à la clinique fixé à 16h, je me rends dans la matinée à une réunion de Femmes des Territoires, un réseau d'entraide entrepreneurial féminin. Forte du succès de Femmes de Bretagne, Marie Eloy, sa fondatrice a souhaité l'étendre à tout le sol français.

L'isolement de l'entrepreneure n'est pas un vain mot c'est pourquoi je veille à m'entourer d'une communauté de qui recevoir conseils, avis et soutien.

J'hésite pourtant à me rendre à cette réunion d'information car je n'ai pas envie de laisser Zizie seule avec sa collerette, mais je le fais car il est important que je développe mon entreprise pour me réaliser professionnellement.

La réunion terminée, tout en distribuant mes cartes de visite, je réponds aux questions de deux femmes intéressées par mon offre de service. Alors qu'une troisième s'approche, je lui dis gentiment que je dois rentrer chez moi et qu'elle peut me contacter en fin de journée pour discuter.

Mon envie de retrouver Zizie est immense et plus forte que l'argent que je peux gagner. Je me rends compte ce jour-là que ma famille est ma priorité.
Lorsque j'habitais seule, je m'adaptais sans cesse aux circonstances car personne ne m'attendait ni ne dépendait de mon retour. Les choses évoluent et je m'aperçois que je suis devenue une maman poule.
Je fais le choix en toute conscience de rater une vente pour écouter la voix de mon cœur.

En début d'après-midi, après quatre heures d'absence, je retrouve avec joie Zizie qui me fait la fête aussitôt la collerette retirée de son petit cou.
À peine ai-je le temps de jouer avec elle, d'avaler un morceau que nous devons nous rendre à la clinique.

Le retrait des fils s'effectue sans difficulté majeure pour deux raisons : Zizie commence à s'habituer à l'environnement médical et elle me colle. Je suis heureuse qu'elle se sente si profondément en confiance avec moi car nous ne nous connaissons finalement que depuis trois semaines, mais les épreuves que nous avons déjà traversées nous unissent par un lien indéfectible.

J'en profite pour demander au vétérinaire de me montrer comment couper les griffes de Zizie. En me tendant la paire de ciseaux, il me répond avec un large sourire que le mieux est que je le fasse moi-même. Sous ses directives et son œil avisé, je m'exécute avec un brin d'appréhension.

Zizie rechigne quelque peu ne comprenant pas l'intérêt de ce soin car les griffes sont vitales pour elle. Elles ont pour fonction de l'aider à chasser, marquer son territoire, se défendre voire se battre et grimper aux arbres, c'est pourquoi Zizie les garde propres et aiguisées. Acérées serait un terme plus approprié d'où mon choix de la coupe qui s'avère vital pour mon confort et l'aspect esthétique de mes mains.

Fière d'avoir réalisé ce que je considère comme un exploit, je reste songeuse car consciente de la difficulté à réitérer ce soin seule.
Ces tergiversations mentales sont vite balayées par le soulagement de savoir dorénavant Zizie libre de tout mouvement car débarrassée à jamais de sa collerette.

En fin de soirée le téléphone sonne et j'ai le plaisir de parler longuement avec la personne rencontrée plus tôt dans la matinée au sein du réseau Femmes des Territoires. Après un rapide échange, elle décide d'investir dans mon offre de services pour apprendre à recharger ses ressources mentales et énergétiques.

Après avoir raccroché je fête cette bonne nouvelle avec ma petite boule de poils qui ne se fait pas prier.

En soupirant d'aise, je constate qu'il est toujours opportun d'écouter son cœur et que cela n'est pas incompatible avec une réussite professionnelle.
Dorénavant me choisir sera ma priorité car la vie vient de me montrer que cette voie est accessible.
Est-ce que je me suis souvent choisie ?

Cette question, à l'instar d'une graine, germe dans mon esprit. Nourrie par mes nombreux rêves nocturnes, elle va grandir et trouver sa réponse quelques semaines plus tard.

19

Zizie m'enseigne l'art de la pause et de la légèreté car elle respecte un rythme régulier de jeu, de repos et de sommeil.

Notre connivence, qui grandit jour après jour, se concrétise par des rituels et un langage bien à nous.

Zizie, ayant découvert la cachette où je range les brossettes, se hisse sur le rebord du mur, à la tête de lit, chaque fois qu'elle a envie de jouer. D'un coup de patte agile elle attrape l'objet qu'elle saisit ensuite dans sa gueule puis trottinant fièrement elle dépose sa proie devant moi en prenant soin de poser sa patte dessus par deux fois en me fixant du regard pour s'assurer que je comprenne bien le message.

Cette façon touchante d'agir fait fondre mon cœur et je ne peux que répondre à son attente, quelle que soit l'heure.

Le tapis de yoga est un objet qu'elle affectionne tout particulièrement car il possède une double fonction : griffoir et terrain de jeu.

La première fois qu'elle a réussi à soulever un bout du tapis, sur un malentendu, par inadvertance, elle est restée une heure à réitérer son exploit sans jamais perdre son enthousiasme. Zizie est à l'image des enfants qui se racontent des histoires et s'émerveillent de tous petits riens et je m'associe volontiers à son monde magique en me reconnectant à mon enfant intérieur que j'avais délaissé au fil du temps.

Notre dernière trouvaille consiste à nous renvoyer une petite boule en verre dans un tunnel créé par un mouvement de vague obtenu en soulevant le milieu du tapis. Je me positionne d'un côté et Zizie de l'autre. Sur le qui-vive, guettant avec fébrilité la boule dont l'arrivée imminente est trahie par le son qu'elle produit en roulant sur le parquet, Zizie est dans la position du chasseur, les oreilles droites et l'arrière train dressé. L'arrêt du bruit sonne le début des hostilités et Zizie se rue à corps perdu dans le trou pour chasser l'intruse en me la renvoyant. Elle ne se lasse pas de ce jeu que je me prends à apprécier d'abord pour le temps que je partage avec ma petite princesse ensuite pour sa fonction inattendue d'exercice de concentration. Dans la pleine conscience, mes sens en alerte, je redeviens animale.

Zizie aime aussi courir après la boule dans tout l'appartement. Le bruit généré par le contact du verre contre les meubles ou la vitre du miroir en pied l'excite au plus haut point. De petite taille, la boule a la fâcheuse tendance de glisser sous le vaisselier aussi après avoir vainement tenté de la récupérer en lançant des coups de pattes rageurs dans le vide, Zizie s'assoit-elle devant le meuble en attendant que je vienne la sauver de ce supplice. Autant que faire se peut, je viens immédiatement à sa rescousse en récupérant l'objet que Zizie n'hésite pas à renvoyer illico au même endroit !

Je m'amuse de ses réactions quand elle est devant la glace et qu'elle convoite un objet juste derrière elle, à portée de patte. Comme il se reflète dans le miroir, elle a l'impression qu'il est devant aussi caresse-t-elle la vitre dans l'espoir de le saisir. Réalisant son échec, elle se glisse derrière la psyché, dans une ultime tentative de récupération qui me fait rire aux éclats.

Auprès de Zizie je retrouve cette âme d'enfant qui savoure le bonheur des instants les plus simples.

Je me sens également la personne la plus chanceuse du monde quand elle approche son visage du mien et qu'elle frotte, avec une infinie tendresse, son museau humide et frais sur mes lèvres comme pour y déposer un baiser.

Zizie à d'autres délicieuses manières de me montrer son affection. Lorsqu'elle est allongée, elle pose délicatement et avec retenue sa patte sur ma joue dès que j'approche mon visage de son ventre pour l'embrasser, comme pour m'inviter à continuer.

La première fois qu'elle m'a léchée le menton, sa langue au toucher abrasif était la plus douce des caresses.

Pourvue de petits crochets, la langue est rugueuse pour trois raisons :

1. Permettre au chat de nettoyer son pelage en profondeur en retirant les poils morts
2. Retirer la viande qui adhère aux os de sa proie
3. Laper l'eau qui est retenue par les aspérités, plus facilement

C'est aussi un petit gremlin qui massacre la plante verte, fait des bonds de cabri et parcourt l'appartement de long en large comme si elle était poursuivie par une horde de chiens enragés. Quand son imagination lui fait défaut elle vient me chercher pour que je la traque.

Après une course poursuite éperdue, lorsqu'un coup de fatigue se fait sentir, ma boule de poils se réfugie sous le lit, attendant que je m'agenouille pour lui parler doucement ou chantonner son nom. Rassérénée, ondulant son corps au son de ma voix, elle se met sur le dos et à ma hauteur, la petite friponne se retourne pour détaler dans le salon suivie aussi prestement que possible de ma personne.

Adepte du silence, je savoure à ma grande surprise le bruit généré par la présence de Zizie, ses jeux et sa folie passagère. Elle m'ouvre au tourbillon de la vie et de l'amour inconditionnel.

La chasse au moucheron est une activité que nous adorons exercer ensemble. En présence de ces minuscules bêtes volantes, Zizie redevient chasseur. Elle claque ses dents l'une contre l'autre en émettant un petit son aigu témoin de son excitation. La première fois que je l'ai aidée à localiser un moucheron, j'ai été tiraillée entre la soutenir dans sa quête ou condamner potentiellement un être vivant à la mort.

Adepte et professeur de yoga je suis les préceptes de cette discipline et philosophie qui se traduisent par une manière de vivre et d'être avec les autres. Ce chemin qui mène à la découverte de Soi implique, en tout premier lieu, des devoirs moraux dont celui d'Ahimsa, la non-violence.

Cultiver une attitude respectueuse face à la vie est avant tout une prise de conscience de la manière dont on se conduit et de la valeur de ses actions car la violence peut être aussi bien physique que verbale.

Un grand sage de l'Inde ancienne, nommé Patanjali, a résumé les connaissances de la lignée des sages qui l'ont précédé sur ce chemin introspectif et cet enseignement, résultat d'un effort collectif sur plusieurs générations, constitue l'œuvre de référence du yoga appelée Yoga-Sutras.

Mes remords ont été vite balayés par la joie de Zizie à suivre le bout de mon doigt pour débusquer sa proie et par le fait que le moucheron est trop rusé et rapide pour elle. À ce jour, un unique insecte, paix à son âme, lui a servi de friandise.

Mon dévouement va jusqu'à la soulever dans mes bras, quitte à monter sur une chaise, pour l'aider à chasser l'intrus.

Le mot moucheron, ou le ton avec lequel je le prononce, a certainement une résonance vibratoire particulière car dès que je le déclame, Zizie arque son dos me signifiant qu'elle est prête à être soulevée de terre pour débuter l'embuscade. Aussitôt lovée dans mes bras ma princesse ronronne en frottant sa petite tête contre ma joue pour me dire à quel point elle est reconnaissante de ce que je fais pour elle et du respect que j'accorde à sa nature animale. Concentrées sur l'objet de notre mission, nous balayons les murs blancs de notre œil acéré pour repérer la moindre tache noire qui trahirait la présence de la bestiole tant convoitée.

Prise au jeu, je me surprends à continuer à chercher la bête volante alors même que Zizie s'est détournée de sa cible pour aller manger ou se reposer. Il m'arrive même de prospecter seule pour pouvoir l'appeler en lui indiquant l'emplacement de l'insecte du bout du doigt…

Zizie est reine en son royaume avec un bémol cependant concernant le laps de temps pendant lequel je suis en rendez-vous professionnel. Anticipant un éventuel débordement, je joue avec elle juste avant toute séance en veillant quelques minutes avant le commencement à cacher tout objet qui pourrait l'exciter en lui donnant des envies de cavalcade.

Apaisée, ses besoins physiques étant assouvis, Zizie s'allonge alors près de moi, sage comme une image, pendant que je converse par ordinateur interposé avec une cliente.

Après le tumulte des derniers jours, je savoure une paix bien méritée qui n'est pourtant que le reflet du calme avant la tempête.

20

C'est le printemps et je suis au cœur de l'Histoire.

À 50 ans j'en ai vécu des moments uniques et symboliques sans, pourtant, jamais ressentir ce sentiment. Cette prise de conscience s'est faite en remplissant l'attestation de sortie, désormais obligatoire à toute personne qui met un pied dehors. Je l'ai glissée dans mon passeport et je suis sortie effectuer les achats indispensables pour la semaine à venir. L'air frais me procure un maigre plaisir et les rues quasiment désertes me ramènent à la réalité.
Depuis mardi dernier, le 17 mars 2020, comme chaque français, je suis confinée chez moi. Je n'ai pas pris la pleine mesure du phénomène dévastateur de ce micro-organisme, comme de nombreux médecins ou dirigeants d'ailleurs. Ce virus n'était censé être qu'une mauvaise grippe, transmise de l'animal à l'homme, venue de Chine. L'animal pointé du doigt est le pangolin mammifère chassé en Asie pour ses écailles qui constituent un des ingrédients de la Médecine Traditionnelle Chinoise. Espèce pourtant protégée, le pangolin est illégalement victime de

braconnage intensif en Afrique qui l'exporte vers les États-Unis pour la maroquinerie.

N'écoutant pas les informations, je suivais cette histoire d'épidémie loin en loin. Lorsque des annonces officielles, incrustées entre les publicités télévisuelles ou sur les affiches du métro, recommandaient de se laver les mains régulièrement, de tousser dans son coude et de ne pas se faire la bise, je me suis interrogée sur l'hygiène de mes compatriotes. Est-il vraiment nécessaire de rabâcher ces règles de base ? Ce qui va sans dire va mieux en le disant mais mon esprit critique avait du mal à voir ce côté-là.

Le coronavirus était présenté comme une maladie respiratoire infectieuse, analogue à la grippe (toux, fièvre, mal de gorge) provoquée par un nouveau virus qui n'avait encore jamais été identifié chez l'Homme. Les cas les plus sévères s'apparentant à la pneumonie, on s'en prémunit en se lavant régulièrement les mains et en évitant tout contact avec le visage.

La gravité de la situation apparaît aux Européens par le biais de l'Italie. Ce pays, fortement touché dans sa partie nord, est un voisin qui nous ressemble, à l'opposé de la Chine, cette contrée lointaine et archaïque pense-t-on certainement tout bas.

La situation s'envenime de jour en jour, le 9 mars l'Italie entre en confinement et la panique gagne du terrain.

Le 16 mars, l'état français, par une allocution d'Emmanuel Macron, déclare le confinement sanitaire pour lutter contre la propagation de l'épidémie du Covid-19. Tous les établissements, non indispensables à la vie du pays doivent fermer, les entreprises sont invitées à mettre en place le télétravail et seuls les déplacements à titre vital sont autorisés comme faire ses courses, promener son chien, etc. Il va s'en dire que les rassemblements sont interdits pour éviter la contamination.

La vie de toute une nation bascule. On ne parle plus d'épidémie mais dorénavant de pandémie. Quelle différence entre ces deux termes ? En 1752, lorsqu'il fait son apparition dans le dictionnaire français, le mot pandémie est un synonyme d'épidémie. Aujourd'hui, la distinction entre ces deux noms réside dans l'ampleur de l'étendue de la propagation de la maladie contagieuse concernée.

L'annonce du confinement éveille en moi une réalité que je n'ai pas soupçonnée ou plutôt que j'ai niée aussi je me plie de bonnes grâces, et avec humilité, à cette injonction qui vise à protéger mon prochain.

Comment est-ce que j'aborde cette situation durant les premiers jours ?

Voilà la newsletter que j'ai adressée à mes abonnés une semaine après l'annonce du confinement

« Ces trois derniers jours, j'ai reçu beaucoup de messages de mes guides qui m'invitent à voir la

situation sous un angle légèrement différent. Oui ce confinement est propice au retour à soi mais dans une dimension plus grande que celle qui consiste à nous regarder.

Travailler sur soi est le but de notre incarnation. Notre âme a besoin d'évoluer, de se débarrasser de ce qui ne lui sert plus, d'expérimenter une autre façon d'être, de soigner ses blessures, etc.

La situation actuelle nous demande d'aller creuser le lien que nous entretenons avec l'Autre. Cet Autre peut symboliser la part de nous-même que nous ne voulons pas voir, notre mari, nos enfants, nos amis, notre famille, notre voisin, l'appartement dans lequel nous vivons, les objets qui nous entourent, etc.

Être confiné c'est être ensemble 24h /24h, avec soi-même ET avec les autres.

Le respect des consignes passe donc par le lien que nous entretenons avec cet Autre.

D'un point de vue personnel, je suis triste et outrée de constater l'égoïsme, l'insouciance et le déni dans lequel vivent certains de mes concitoyens.

D'un point de vue spirituel, j'essaie de ne pas juger ceux qui sortent faire du sport, ceux dont les enfants jouent en groupe, ceux qui promènent leur chien plusieurs fois par jour, etc. Je ne connais pas leur vie, ni leurs contraintes, ni leurs peurs, ni leurs angoisses, ni les conditions de leur confinement.

J'ose penser que chacun fait du mieux qu'il peut.

Il en va de la responsabilité de chacun et nous gardons notre libre-arbitre, pour le meilleur et pour le pire.

J'adore être chez moi mais est-ce le cas de tout le monde ? Rien n'est moins sûr.

Que se passe-t-il dans les foyers où les femmes et les hommes sont abusés, battus et harcelés ?

Que se passe-t-il dans les foyers où les parents sont dépassés par leurs enfants ?

Que se passe-t-il dans les logements confinés ?

Je ne juge pas car je n'ai pas d'enfant, je suis célibataire et j'ai de l'espace. Ce moment que je vis comme un temps de paix est peut-être un temps de conflit pour d'autres.

Pour les personnes qui sont en famille, la proximité peut faire éclater des ressentiments latents ou mettre en lumière des aspects d'une relation de couple camouflés par le rythme effréné de la vie.

Nous avons besoin de notre jardin secret et de pouvoir échapper à notre quotidien. Maintenant que cela n'est plus possible, comment faire ?

Je parle de méditation, d'intériorité, de silence mais de nombreuses personnes sont loin de ces considérations. La vie ne nous enseigne pas la même chose au même moment. Nous avons notre propre chemin à trouver et notre propre lumière pour nous guider.

Ce confinement sera peut-être l'occasion pour une personne de reconnaitre que son quotidien ne lui correspond plus et qu'elle doit choisir entre changer ou subir, une autre qu'elle a envie de se mettre à la méditation, une autre que sa vie est belle et qu'elle a de la chance, etc.

La leçon n'est pas la même pour tout le monde car le niveau de conscience de chacun est différent.

Je ne sais pas encore clairement ce que la vie m'enseigne à travers cette expérience de confinement car je n'ai pas assez de recul. Je vis chaque jour pleinement et c'est dans cette conscience que je découvre un morceau de la réponse, comme les pièces d'un puzzle.

Qu'est-ce qui est vrai pour moi aujourd'hui ? Voilà la question que je me pose chaque jour.

Et chaque jour une nouvelle perspective s'ouvre.

Ce qui est vrai pour moi aujourd'hui est que cette situation met chacun d'entre nous dans la position de regarder son quotidien, sans faux-semblant.

Ce que nous y voyons est le reflet de nos choix et de nos décisions. Nous construisons nos vies.

Comme dit le proverbe « comme on fait son lit on se couche ». On prend le risque de passer une mauvaise nuit si on fait on lit n'importe comment. C'est une façon figurative de dire qu'il faut assumer la conséquence de ses actes.

Que vas-tu apprendre de ce que tu vis ? Je ne sais pas.

Que peux-tu faire ? Je ne sais pas

Les réponses sont en toi. Toi seul.e peux décider de ce qui est bon pour toi. »

Cette newsletter a suscité de belles réactions parce qu'elle apportait un éclairage différent sur la situation en montrant qu'il est bon de se prémunir, autant que possible, de tout jugement hâtif.

« Everyone you meet is fighting a battle you know nothing about. Be kind. Always. » Robbin Williams

Toutes les personnes que l'on croise mènent leur propre bataille dont nous ne savons rien. Soyons bienveillant. Toujours.

Cette première semaine de confinement se passe tranquillement sans que je sois vraiment bousculée dans mes habitudes car j'aime la solitude et le silence. Ce calme qui s'est abattu sur la ville est étrange cependant et résonne de manière incongrue.

La paix que je savoure est artificielle car ne pas pouvoir sortir de chez moi est dérangeant sur le plan personnel. Professionnellement, fort heureusement, ce n'est pas une problématique puisque mon activité est basée sur l'accompagnement individuel en ligne de clientes qui veulent acquérir une pratique autonome et pérenne de méditation.

Mon quotidien n'est fondamentalement pas bouleversé de prime abord mais ce n'est que le début d'une longue période.

J'aime me retrancher de mon plein gré dans mon cocon mais être privée de ma liberté est une autre histoire alors Zizie m'apporte une sacrée bouffée d'oxygène par sa présence. En me montrant l'importance d'être entourée elle met en lumière mon attrait pour la solitude qui demande à être transmuté.

Cette chère solitude est une vieille amie qui m'accompagne depuis mon plus jeune âge. Elle est le remède à ma sensibilité et la protection que je ne sais pas verbaliser ni mettre en place autrement que par la distance.

Alors que dehors la vie s'est arrêtée Zizie me procure un enracinement précieux et vital car être au cœur de l'Histoire c'est continuer à vivre dans le respect de soi, de ses valeurs et des autres en avançant à vue, sans certitude que celle d'exister ici et maintenant.

Lorsque nos repères s'écroulent, avoir un point d'ancrage est primordial pour ne pas perdre pied et pouvoir regarder la situation dans son ensemble, avec recul, et non filtrée par nos peurs diverses et variées qui nous paralysent en nous projetant dans des scénarii catastrophes.

Les actualités sont inondées d'informations alarmantes relayées par les réseaux sociaux mais de belles initiatives individuelles et/ou collectives fleurissent ici et là comme celle d'applaudir le personnel soignant, chaque soir à 20h, dans un mouvement de solidarité et de respect pour leur engagement à sauver des vies au prix de la leur.

Les offres de services en ligne gratuites se multiplient pour palier le désagrément du confinement. Un mouvement humaniste et spirituel se répand pour déjà tirer les leçons de cette crise.

L'origine de telles actions est-elle altruiste ou opportuniste ? Un peu des deux certainement. L'économie est gravement touchée et la situation financière des entreprises s'annonce désastreuse.

Chacun essaie de s'occuper ou de tirer une épingle de son jeu pour survivre car nous avons peur du changement sous quelque forme qu'il se présente. Nous le redoutons alors que nous avons la capacité de nous harmoniser avec notre environnement comme le font si intuitivement les animaux. La différence avec ces derniers est notre résistance à lâcher-prise.

En rendant cette commutation si complexe par notre résistance, nous créons notre propre enfermement.

Pourtant la faculté de l'Homme à s'adapter est impressionnante, l'Histoire étant truffée d'exemples et de leçons auxquels nous pouvons nous référer.

21

L'insouciance et le déni du début de crise font maintenant place à la conscience grandissante qu'une évolution est en cours, sans avoir le recul suffisant pour connaître la mesure des changements qui s'opèrent irrémédiablement à l'intérieur et à l'extérieur, parce que le monde dans lequel nous vivons est à l'image du fruit de nos actions individuelles et collectives.

Au fil des jours, j'ai l'impression que Zizie perçoit ma difficulté à accepter le confinement. Elle y remédie, à sa manière, par de longues cavalcades doublées de dérapages spectaculaires en me sollicitant régulièrement pour que je me joigne à ses délires ludiques.

Pendant cet enfermement, ma notion du plaisir a beaucoup évolué. Par exemple sortir la poubelle devient une action plaisante que j'attends avec impatience. Symboliquement je me débarrasse de ce qui n'a plus lieu d'être et concrètement, c'est le moment de la journée pendant lequel je peux respirer de l'air frais à plein poumon en sentant la fraîcheur de l'air sur mon visage.

L'opération n'est pas sans risques toutefois car pour accéder au local à ordures, dans la cour intérieure de l'immeuble, il me faut ouvrir deux portes. Munie d'un mouchoir en papier, j'effectue les gestes requis avec précaution en veillant à ne pas me passer la main sur le visage par automatisme si par manque de chance une démangeaison survient.

Zizie m'accueille toujours avec beaucoup de joie, comme si j'étais une héroïne ou simplement soulagée que je rentre de ma dangereuse expédition mais je ne m'autorise à la caresser qu'après m'être lavée les mains. La pleine conscience est une nécessité car chaque geste, initialement anodin, peut être lourd de conséquences si chacun n'y prête pas attention. À nous de choisir de vivre les règles sanitaires comme une contrainte punitive ou une opportunité de sauver des vies.

Dans ce lourd contexte, les plaisirs anodins que je prenais pour acquis me manquent :

En tout premier lieu la privation de mes balades matinales quotidiennes dans le parc public qui jouxte mon domicile me soustrait aux bienfaits de la nature. Ironie du sort, depuis l'annonce du confinement le temps est au beau fixe. Chaque jour le soleil darde ses rayons sur mes fenêtres que je ne peux ouvrir en raison de la présence de Zizie.

Respirer à plein poumons me manque.

Remplir une attestation pour chacune de mes sorties hebdomadaires me pèse.

Faire la queue pour accéder aux rayonnages clairsemés d'un supermarché me sidère. Dans la file d'attente, il me revient en mémoire les souvenirs du temps de la seconde guerre mondiale que me racontaient mes grands-parents et je me dis que la vie est un éternel recommencement. Si la forme évolue le fond est identique.

Ce soir je n'arrive plus à me rappeler à quel moment de la journée j'ai nettoyé la litière de Zizie. Le temps s'est arrêté et avec lui tout ce qui crée des points de repère dans mon quotidien. Ma vie n'était pas rythmée par les actualités ni la présence d'un compagnon mais elle était jusque-là cadencée par le calendrier scolaire des enfants habitant l'immeuble. Or depuis le confinement je n'entends plus les éclats de voix des écoliers qui partent ou rentrent de l'école, qui sortent au parc tous les mercredis ni le silence des périodes scolaires. Cette routine extérieure qui n'est plus, me laisse perplexe car je n'avais pas conscience de l'ancrage que m'apportait le monde extérieur en plus de ma pratique personnelle. Je comprends mieux les personnes (âgées mais pas seulement) qui sont parfois déboussolées lorsqu'elles font face à la solitude.

Être au cœur de l'Histoire est déstabilisant. J'ai été témoin de la chute du mur de Berlin, de la fin de la guerre froide, de l'élection du premier président afro-américain, de la guerre du Golfe, etc. mais je n'ai jamais eu autant le sentiment de vivre l'Histoire.

Vivre l'Histoire n'est pas aussi simple que de la lire dans un manuel scolaire. Je me souviens de mon interrogation dans ma jeunesse concernant la montée du nazisme et les premiers signes de violence envers les juifs. Comment n'avait-on pas pu voir plus tôt ce qui se tramait ?

À la lumière de ce que nous traversons aujourd'hui je comprends que pris dans un tourbillon émotionnel, de peur, de déni ou d'angoisse il est extrêmement difficile d'y voir clair, sans compter, qu'à l'époque, les moyens de communication n'étaient pas ce qu'ils sont aujourd'hui.

La chanson « Né en 17 à Liendenstadt » de Jean-Jacques Goldman m'a toujours interpellée et elle m'apparaît dans toute son actualité interrogative.

Qu'aurais-je fait ? C'est peut-être la question que se poseront les générations futures face à ce que nous sommes en train d'expérimenter.

Près de deux semaines après l'entrée en confinement, je ressens les premiers signes d'une forte tension physique et mentale.

Ma routine de travail consiste à poster des publications sur les principaux réseaux sociaux que sont Facebook, Instagram et LinkedIn afin d'attirer des prospects pour vendre des accompagnements individuels. Par la création de deux groupes

Facebook, je diffuse les messages de la méditation et de la spiritualité liée à l'entrepreneuriat.

Le domaine spirituel n'est pas un espace réservé à la sphère privée. Pourquoi ? Parce que l'entreprise est le reflet de l'entrepreneur.

Un entrepreneur est avant tout un être qui aspire à être heureux. Son bonheur passe par sa vie familiale, son travail et son épanouissement intime, trois domaines indéniablement liés.

Être entrepreneur c'est incarner la vision de ce que l'on est et ce en quoi nous croyons.

Travailler pour gagner de l'argent n'est pas une fin en soi si le travail va à l'encontre de nos valeurs et de notre philosophie de vie.

De plus en plus de salariés ressentent ce sentiment et se lancent dans l'entrepreneuriat pour vivre de leur passion en donnant un supplément d'âme à leur vie.

Dans la sphère entrepreneuriale chaque dirigeant fait face à sa véritable nature et au lien qu'il entretient avec l'argent, la confiance et l'estime, la légitimité, la relation aux autres, l'amour, etc.

Toutes ces émotions tendent à diriger notre vie et influer sur nos décisions.

Prendre le temps d'avoir le temps de regarder en soi et d'écouter son silence intérieur est essentiel pour ne pas se perdre.

Ralentir pour avancer.

Méditer pour être.

La méditation n'a ni commencement ni fin, c'est une philosophie qui m'accompagne à chaque instant de ma journée. Le chemin qui mène à la méditation EST la méditation.

Ce parcours comporte six étapes selon la tradition yoguique. La septième étape étant la méditation en elle-même et la huitième le Samadhi (connexion à l'univers dans une forme non duelle).

Au commencement, il y a les devoirs moraux (Yama) qui déterminent nos relations aux autres et au monde, puis viennent les devoirs envers nous-mêmes (Niyama), les postures (Asana) marquent le respect que l'on doit porter à ce temple que nous habitons. Le contrôle de la respiration (Pranayama) nous invite à le purifier.
L'introspection découle du retrait des sens (Pratyahara), suivie par la concentration (Dharana) puis la méditation (Dyana) pour se réaliser dans le Samâdhi.

Pour préparer le corps et l'esprit à la méditation il est donc important d'avoir un comportement respectueux envers le monde extérieur et nous-même.

Méditer ne s'improvise pas c'est un processus qui requiert du temps et de la patience.

Il ne s'agit pourtant pas d'une recette miracle pour effacer toutes les tensions et pour supprimer le stress de nos vies. Dans une époque où l'on veut tout et tout de suite, ne pas attendre de résultats immédiats est une véritable gageure. Les progrès sont graduels et ils permettent d'expérimenter, au fur et à mesure, un mieux-être mental et physique. Accepter de prendre le temps et de vivre chaque séance de méditation comme un éternel recommencement, sans attente et avec détachement, voilà le secret d'une pratique pérenne et harmonieuse.

La méditation est un style de vie qui demande de la régularité, de la discipline et de la constance. Elle invite à une nouvelle perspective et permet de porter un regard clair et positif sur la vie et le monde.

La paix intérieure est une ressource inépuisable disponible, en chacun de nous, H24. Toute l'astuce consiste à le savoir, le reconnaître et apprendre à s'y connecter.

Chaque fois que je médite, Zizie s'apaise aussitôt. Elle se positionne à mes pieds pour ne plus bouger jusqu'à ce que je me lève.

Comme ses congénères, elle est très sensible aux énergies.

22

Depuis quelques jours Zizie est plus calme, ce qui n'est pas pour me déranger car je suis moi-même inexplicablement fatiguée.

Réveillée, comme à l'accoutumée, par les allers retours de Zizie sur mon torse, je peine néanmoins à ouvrir les yeux. L'impression d'être écrasée de fatigue prédomine sur l'envie de jouer avec elle.

Contre toute attente, Zizie a la délicatesse de ne pas insister. Elle me laisse me rendormir en se blottissant contre moi. À peine ai-je le temps de sentir sa présence que mes yeux se ferment déjà.

J'émerge généralement entre 11h et midi ce qui est inhabituel chez moi. Heureusement qu'en tant qu'entrepreneure je peux adapter mon rythme de travail aux besoins de mon corps. C'est d'ailleurs là tout l'enjeu du changement de vie que j'avais souhaité, développer mon activité en partant de mes besoins vitaux.

Ma routine spirituelle aide mon corps à sortir de la torpeur occasionnée par un trop long sommeil et par la respiration elle m'aide à me détendre, calmer mon mental et lâcher-prise pour ensuite méditer.

La crise mondiale que nous traversons actuellement prend des proportions gigantesques. Au fil des jours, le nombre de morts et de personnes contaminées ne cesse de croître.

À mon niveau je me questionne sur le devenir de mon entreprise. Pourtant j'en ai connu des tempêtes professionnelles !

C'est cela aussi être entrepreneur. Accepter de lâcher-prise sur les événements pour accéder à une plus grande liberté intérieure qui permet de rebondir.

Facile à dire n'est-ce pas ?

Laissez-moi vous conter une anecdote. En janvier 2008, mon mari et moi sommes partis vivre aux États-Unis, à Los Angeles pour réaliser un rêve commun. Nous nous étions donnés six mois pour vérifier la viabilité de notre projet de vente de macarons. L'Amérique nous a ouvert les bras. Par notre travail, nous avons su créer notre chance, de belles opportunités se sont présentées à nous et nous les avons saisies, le cœur ouvert. Au mois d'août, nous avons tout quitté en France (appartement, travail) pour nous installer définitivement dans la cité des anges.

Quinze jours après ce grand saut, la crise des subprimes a piétiné notre rêve. Les contrats avec les hôtels et la chaîne Whole Foods (entreprise américaine de distribution alimentaire de produits biologiques) ont été annulés et notre demande de visa de travail s'en est trouvée compromise.

Nous venions juste de faire le grand saut car tout se déroulait merveilleusement bien et les « signes » étaient positifs.

Bienvenue dans le monde entrepreneurial. Une entreprise s'adapte parce que son dirigeant apprend à s'adapter. Le capitaine du navire doit accepter aussi bien les coups du sort que l'abondance.

Seul le changement est permanent disent les Taoïstes.

Des crises, des coups du sort, des phases de vide il y en aura d'autres.

Elles peuvent venir de l'extérieur ou de l'intérieur.

Pour en ressortir plus fort il faut vivre cette phase en conscience pour en comprendre le sens et pouvoir tirer les leçons qui découlent de ce que l'on vit.

Tirer les leçons en plein cœur d'une bourrasque revient à mettre la charrue avant les bœufs.

Ce que nous vivons aujourd'hui est terrible.

J'entends ici et là que c'est une formidable occasion de changement et que le monde en sortira meilleur, plus beau, qu'une nouvelle ère se prépare.

Et si nous écoutions nos maux avant les mots ? Écouter notre souffrance, nos contradictions, nos peines, nos peurs est essentiel pour avancer. Comment savoir quelle leçon tirer de tout cela si nous ne prenons pas le temps d'observer, d'être ?

Une analyse (bilan) se fait lorsque la tourmente a cessé et que nous avons toutes les données en mains pour une sage objectivité.

Si je ne me projette pas dans ce futur hypothétique c'est tout simplement parce qu'il se prépare au présent. L'Histoire s'écrit ici et maintenant, certainement pas avec de belles paroles mais des actes empreints d'humilité et de compassion.

J'en suis à ce stade de mes réflexions quand, installée derrière l'ordinateur pour enregistrer un nouveau programme en ligne, je ressens soudain une immense lassitude qui m'empêche de faire un geste. Avec stupeur je reconnais les symptômes de fatigue du burnout vécu quatre années plus tôt.

Saisie par l'urgence de la situation, mais calmement, je ferme aussitôt l'ordinateur pour m'allonger et me reposer, sans chercher à analyser la situation car la priorité va au rétablissement de l'équilibre dans mon corps dont l'appel de détresse ne doit pas rester sans suite.

Allongée dans mon lit, je profite du silence avec Zizie à mes côtés. Grâce à la méditation, je sais comment dompter mon mental et ne pas le laisser m'entraîner vers des schémas de pensées anxiogènes et inutiles.

Dès le lendemain, alors que je projette d'assurer les deux live hebdomadaires sur mes groupes Facebook, j'envoie un post pour les annuler car je m'aperçois que la lassitude, ressentie la veille, est toujours aussi intense. Les meilleures leçons étant celles que l'on retient, je ne souhaite plus jouer avec le feu comme par le passé.

Au début de ce confinement j'avais naïvement constaté que cette situation ne changeait en rien ma façon d'aborder ma perspective entrepreneuriale et me voilà finalement amenée à expérimenter ce que la majorité des gens vivent, à savoir ralentir et revoir mon mode de fonctionnement.

En écrivant ces lignes je souris intérieurement car ce dont nous avons le plus besoin est bien souvent ce que nous rejetons.

Trois jours se passent pendant lesquels je constate que l'attitude inhabituellement calme de Zizie fait écho à la mienne. Elle doit sentir ma fragilité et caler son rythme sur le mien, ce dont je lui sais gré. La température extérieure ayant drastiquement chutée, je dors certaines nuits avec des chaussettes en rajoutant une couverture polaire entre mon corps et la couette. Ce phénomène ne m'inquiète pas car je suis sensible au froid par nature. Je veille à manger sainement et à donner du repos en grande quantité à mon corps en me tournant, comme à l'époque du burnout, vers le yoga restauratif.

Cette pratique représente tout un art qui mérite d'être découvert. Dans le yoga restauratif, le corps est invité à s'abandonner totalement, avec l'aide de supports (couvertures, accessoires, coussins, etc.), pour se régénérer.
Il faut beaucoup d'humilité pour se laisser aller à l'immobilité, sans attente, en s'abandonnant à l'intelligence de ses cellules et de son squelette. Pendant la mise en sommeil du corps, l'esprit perçoit et identifie les points de tensions à relâcher.

Il s'agit d'une pratique créée par Judith Hanson Lasater pour permettre, initialement, aux personnes momentanément ou durablement limitées dans leurs mouvements, d'aider leur corps à retrouver son état homéostatique.
Mais c'est bien plus grand et plus fort que cela.

C'est un yoga qui invite au calme et au relâchement dans la prise de conscience de l'importance de la récupération et du repos. Être, sans rien faire, dans l'immobilité et la paix du silence, en accueillant le présent.
Pourquoi le silence est-il si primordial ? Parce qu'il est la musique de l'âme. C'est en se connectant à notre calme intérieur que l'on peut véritablement s'écouter.

Lorsqu'au matin du quatrième jour Zizie se met à gambader comme une folle dans tout l'appartement, je la course. M'apercevant très vite que je suis essoufflée je fais une pause, puis une autre et encore une autre.

Cet état d'essoufflement me conduit à m'interroger sur son origine. Lentement mon esprit s'ouvre à l'idée que je puisse être atteinte par le Covid-19. Dans un ultime besoin de vérification, je nettoie la litière de Zizie que je vais déposer au coin de la rue dans une poubelle.

Munie de mon attestation dûment remplie avec les mentions légales, je prends la direction du haut de ma rue. Ce trajet, que j'ai fait maintes fois, mène au parc dans lequel j'adore me promener, courir, rêver et qui a vu naître mon premier livre, l'Entreprenescience.

C'est donc avec émotion que je laisse mes pas me guider, mes sens tournés à l'intérieur de mon corps pour écouter son message.

Arrivée à hauteur de la poubelle je constate que l'essoufflement n'est pas le fruit de mon imagination. Je fais tranquillement demi-tour pour ne pas forcer sur ma respiration et en rentrant chez moi je m'organise pour une éventuelle prise en charge de Zizie si je dois me rendre à l'hôpital.

La seule personne qui puisse m'aider est mon meilleur ami qui m'assure de son soutien tout en me faisant promettre d'appeler le médecin dès le lendemain matin. Je lui parle de ma princesse, de son caractère, de ses jouets préférés, de ce qu'elle aime et ce qu'elle n'aime pas. Intarissable sur le sujet, au fur et à mesure de mes paroles je prends la pleine conscience de cette maladie qui n'est plus seulement un nom pour moi mais une réalité.

Il me revient alors en mémoire le souvenir de ma grand-mère à qui j'avais demandé, il y a quelques années déjà, pourquoi elle n'adoptait pas un chat pour se sentir moins seule après la mort de mon grand-père et le décès de mon père dont elle ne se remettait pas. Elle adorait les félins du village qui venaient quémander de la nourriture ou des caresses car leurs visites étaient une véritable oasis de fraîcheur dans sa journée monotone. Grand-mère m'avait répondu qu'elle ne souhaitait pas que le chat se retrouve seul après sa mort.

C'est cela l'Amour inconditionnel.

Ne pas faire vivre à l'autre la situation que l'on trouve soi-même inacceptable.

Aujourd'hui je comprends ce qu'elle pouvait ressentir.

Rassurée sur le sort futur de Zizie, je profite du reste de la soirée à savourer la présence de ma petite boule de poils en évitant tout effort inutile.

23

Le lendemain je constate que l'essoufflement s'est légèrement intensifié en ressentant son effet durant ma séance de yoga et de Pranayama (contrôle de la respiration).

Respirer est essentiel pour notre vie qui commence et s'arrête dans un souffle.

La respiration est une fonction vitale qui consiste en un apport d'oxygène et un rejet du gaz carbonique : c'est la nourriture du corps. Respirer est un acte banal que nous effectuons sans y penser. Nous pouvons survivre plusieurs semaines sans nourriture, plusieurs jours sans eau mais pas plus de quelques minutes sans respirer.
Il s'agit donc d'une fonction automatique mais que l'on peut maîtriser dans le but de pouvoir agir sur les autres fonctions de notre organisme.

Comment est-ce que cela fonctionne ?

Une respiration fluide et régulière agit sur le système parasympathique. Le mental se calme, la fréquence cardiaque s'abaisse, la pression artérielle et le rythme respiratoire diminuent, les hormones de stress décroissent, la digestion est facilitée et la fonction immunitaire renforcée.

La respiration en yoga s'effectue toujours par le nez, bouche fermée car cet organe dispose d'un système de filtration qui garantit en quatre étapes l'équilibre physiologique du corps.

- ✓ Filtration des particules dans l'air par les poils nasaux
- ✓ Extermination des virus et des bactéries grâce aux enzymes de la muqueuse nasale
- ✓ Réchauffement de l'air par les cornets et les sinus
- ✓ Production d'oxyde nitrique pour améliorer la fonction pulmonaire

Ce virus qui touche les voies respiratoires nous montre peut-être la voie de la respiration ?

Aussitôt mon petit déjeuner avalé et ma douche prise, je me rends à la pharmacie pour acheter un thermomètre. Une pancarte sur la porte m'annonce une rupture de stock mais n'écoutant que mon intuition, je me dirige vers le comptoir où j'ai l'agréable surprise de pouvoir en acheter un. Munie du précieux outil je retourne chez moi pour constater que ma température avoisine les 38 degrés.

En temps normal je n'aurais pas appelé mon médecin mais la situation que nous vivons amène à la responsabilité individuelle. Quel est l'intérêt de prendre le risque de laisser la situation s'aggraver pour aller encombrer les hôpitaux ?

Mon médecin traitant est une femme charmante avec qui une relation de confiance s'est installée depuis déjà plusieurs années. La communication établie, je lui décris les symptômes que je ressens en répondant à ses questions avec le plus de clarté possible. Cette prise de recul est primordiale pour elle car, extrêmement sollicitée, elle gagne ainsi un temps précieux.

Elle m'explique que les symptômes peuvent être très différents d'une personne à l'autre et dans des proportions variables. Nous sommes à J+6 après les premiers signes avant-coureurs et c'est cette période qui est la plus critique selon les observations du milieu médical.

Suite au test de respiration, la gêne qu'elle décèle l'interpelle aussi me conseille-t-elle d'appeler le 15 pour aller à l'hôpital recevoir de l'oxygène en insistant sur le fait de m'armer de patience avant d'obtenir un régulateur du SAMU et pour finir de la tenir au courant.

Dans le même temps, elle m'inscrit en ligne au programme: Covidom qui permet un suivi à domicile des malades atteints du coronavirus.

Après avoir raccroché je prépare les affaires de Zizie en les mettant en évidence sur la table du salon. Nous sommes en début d'après-midi et si je dois partir à l'hôpital, je ne sais pas quand je vais pouvoir en sortir. Cette tâche me remplit d'émotions contradictoires comme la paix de savoir Zizie accueillie par un couple d'amis qui prendra soin d'elle et la tristesse éventuelle de notre séparation. Pour ne pas me laisser déborder émotionnellement je me concentre sur ma mission pour ne rien oublier.

Pendant cette opération Zizie vient se frotter à moi comme pour me signifier que tout va aller pour le mieux et qu'elle me soutient.

Composer le 15 n'est pas anodin. Il s'agit d'un numéro d'urgence que l'on ne voudrait jamais avoir à faire et pourtant c'est ce que je suis en train d'accomplir. Au bout du fil le régulateur me pose des questions précises sur mon état, avec la terrible habitude d'une situation mainte et mainte fois répétée. Je lui répète les propos tenus à mon médecin en lui faisant part de la décision de cette dernière de me rendre aux urgences. Il me confie que les symptômes ne sont pas assez avancés pour une prise en charge médicale et qu'il est préférable de toute façon que je patiente chez moi plutôt qu'à l'hôpital où règne le chaos.

La bonne nouvelle est que Zizie et moi n'allons pas être éloignées l'une de l'autre.

Comme promis, je rappelle mon médecin qui me fait promettre de surveiller régulièrement mes cycles respiratoires et mon rythme cardiaque et nous prenons rendez-vous pour le lendemain en visio conférence pour faire le point sur mon état.

Nous vivons une crise sanitaire sans précédent qu'il m'est donné de constater dans une juste mesure.

J'ai une pensée émue pour tous les malades qui n'ont pas la même chance que moi et dont le corps souffre sur un lit d'hôpital.

Continuer à penser que le Covid-19 n'est qu'une simple grippe n'est pas réaliste. Ce virus se propage à une vitesse désarmante et laisse des traces indélébiles, dans les corps et les esprits, qu'il faudra panser lorsque le moment sera venu de pouvoir le faire.

Vous sentez-vous capable de continuer à respecter les conditions de confinement ?

Je lis maintenant cette question deux fois par jour lorsque je remplis le questionnaire médical en ligne Covidom. Ces mots sont puissants car ils me demandent d'être au clair avec moi-même pour y répondre en conscience.

Pour pouvoir être aidée au mieux je dois connaître mes besoins.

Ces derniers temps, il n'est plus question de s'en remettre passivement au monde médical. On ne se déplace plus pour un oui ou pour un non aux urgences ou chez son médecin. C'est le chaos total. Nous devons être responsables et agir en conscience pour le bien de tous.

Chacun doit se prendre en charge, savoir s'écouter pour dépister au plus tôt les signes précurseurs du virus pour ainsi agir en connaissance de cause pour protéger les autres.

Savoir m'écouter et être autonome, voilà les deux leviers sur lesquels j'agis pendant la maladie.

Savoir s'écouter n'est pas une mince affaire dans ces moments de turbulence. Plusieurs petites voix s'élèvent, celle de la peur, celle du déni, celle de la victime, celle du cœur.

Comment est-ce que je sais laquelle parle ? Parce que je la reconnais. Pour la reconnaître, il faut déjà avoir fait sa connaissance.

Être autonome c'est avoir conscience qu'il est important d'agir en amont et d'acquérir des techniques à expérimenter AVANT d'en avoir besoin.

Parce que, croyez-moi, ce n'est pas quand on est malade que l'on peut s'appuyer sur la relaxation ni la méditation si on n'en fait pas déjà !

Par ma routine quotidienne et régulière j'aide mon corps à combattre ce virus parce qu'il est de ma responsabilité de prendre soin de moi.

Fort heureusement mon état se stabilise mais le manque de la nature se fait violemment sentir et je ressens le besoin de coucher mes émotions sur un cahier.

« Tu n'es pas loin de moi et pourtant il m'est impossible d'aller à ta rencontre.

Tu me manques. Ta présence me manque, ton odeur me manque.

Je vis et j'apprends chaque jour, sans toi à mes côtés. Et pourtant tu es bien là, dans mon cœur.

La vie continue, différemment.

Je me connecte à toi aussi souvent que le besoin s'en fait sentir.

La force qui nous unit est bien plus grande que ce que j'imaginais.

Il est parfois nécessaire d'expérimenter la perte pour vivre la présence.

Ce manque est une illusion que j'apprends à dépasser.

Cette réalité que je vis, comme des millions d'êtres humains, m'apaise et me bouleverse car elle me met face à l'absence.

Dame Nature, ton absence est lourde à porter. Je me rappelle de ces heures passées près de toi.

Dorénavant j'apprends à te chercher à l'intérieur pour te trouver dans mon cœur.

Heureux les confinés qui peuvent profiter de ta présence.

Savourent-t-ils leur chance ? »

Cela fait environ un an ou deux que je souhaite déménager pour être plus proche de la nature mais j'ai fait un compromis avec moi-même en me baladant quotidiennement dans le parc qui jouxte mon domicile. Cet arrangement n'étant plus satisfaisant, je prends la décision de déménager à la fin du confinement car je souhaite écouter ce silence chaque jour, entendre les oiseaux chanter et savourer un rythme plus lent.

Il est de ma responsabilité de faire le meilleur choix pour moi en fonction de ce que cette situation m'apprend et continuera à le faire au cours des années à venir. Car je suis persuadée que de petites graines d'éveil, semées par l'arrivée de cette pandémie, vont germer et pourront éclore quand je serais prête à recevoir leurs messages.

Pour l'heure je vis avec une épée de Damoclès au-dessus de la tête mais n'est-ce pas notre cas à tous depuis notre naissance ?

Alors comme un funambule sur un fil, je traverse cette période en regardant droit devant parce que la vie est une danse d'équilibre.

Les pieds ancrés, j'invite mon corps à se redresser et, avec confiance, j'avance pas après pas.

24

Le fait que je sois malade suscite de nombreuses réactions dans mon entourage.

Dotée d'une très bonne condition physique avec une hygiène de vie saine et respectant scrupuleusement les consignes gouvernementales comment ai-je pu être contaminée ? Cette question je ne me la pose pas car chaque expérience a sa raison d'être. Pour l'heure, recevant des messages d'amour et de soutien, je prends conscience du rôle dont mes amis m'investissent. Touchée, j'ouvre mon cœur en acceptant la place qu'ils m'octroient sans m'en sentir indigne comme cela a pu m'arriver par le passé.

Mon état de santé leur permet peut-être d'exprimer ouvertement leurs sentiments, de se rendre compte de la réalité de ce virus ou bien d'être confrontés à la possible mort de personnes qu'ils aiment ? Quelle que soit la réponse, elle leur appartient et je ne peux pas parler en leur nom.

De mon côté, j'expérimente une drôle de situation.

La maladie m'offrant la possibilité d'avoir le temps d'observer mes émotions je fais le constat que Zizie est plus distante avec moi. Nous jouons toujours ensemble, notre complicité est identique mais elle est beaucoup moins câline que d'habitude. Lorsque je la prends dans mes bras elle ne reste pas en place plus de quelques secondes. Je respecte son rythme même si je ne comprends pas le sens de ce changement d'attitude qui me chagrine.

Je suis dans la phase critique de la maladie, là où tout peut basculer. Voilà une des particularités de ce virus. Il peut redoubler de puissance pendant la phase de convalescence comme pour rappeler aux Hommes que rien n'est jamais acquis. Convalescence ne signifie pas guérison. Voilà encore une belle leçon de vie, respecter chaque phase pour ce qu'elle est sans chercher à anticiper la suivante au risque de ne jamais voir arriver cette dernière.

Au repos complet je pratique assidûment ma routine spirituelle, en l'adaptant à mon état, heureuse de pouvoir aider mon corps dans la lutte qu'il mène contre le virus.

Le téléphone peut sonner, je ne décroche pas, préférant rassurer mes amis par message car parler me fatigue et je ressens un fort besoin de solitude.

Seule dérogation à ce choix, un coup de fil à mon ami pour l'avertir que les prochaines 48h étant décisives je peux lui envoyer un message à n'importe quelle heure pour lui demander de passer prendre Zizie. Pour détendre l'atmosphère, il me parle du chat qu'il a adopté en fin d'année dernière, vantant ses exploits en insistant sur le fait qu'il est un véritable pot de colle qui réclame sans cesse des câlins.

Je ressens un pincement au cœur à l'évocation de ce que je ne vis pas avec Zizie. Après avoir raccroché, je m'interroge sur ce malaise émotionnel qui m'affecte car je voudrais connaître la même relation avec Zizie. Pourquoi n'est-elle pas plus câline ?

Deux jours passent et soudain, après une méditation, avec recul et honnêteté, je comprends que je me victimise.

Je désire simplement que Zizie agisse comme je souhaite, sans respecter ses désirs.

Depuis la stérilisation Zizie réclame moins de câlins, spécialement le matin. Elle est plus autonome me semble-t-il. Elle ne vient plus sur mes jambes pour se faire papouiller longuement. En faisant ce constat je m'aperçois du schéma dans lequel je tombe. Je me plains de ce que Zizie n'est plus !

Une simple question comme « pourquoi n'est-elle pas plus câline ? » ne se pose pas quand on aime. Mon lien avec Zizie est-il moins fort parce qu'elle n'agit pas comme je le souhaiterais ? Elle n'est pas mon pantin mais un être vivant.

À cette simple évocation mon cœur explose dans ma poitrine et mon corps est traversé d'une vague d'amour. La relation que nous avons toutes les deux est belle et profonde. Nous nous parlons d'un regard, d'une intonation de voix, d'un miaulement ou par le langage corporel. Zizie est parfaite comme elle est. Cette vague d'amour semble panser une blessure intime et ancienne et je me laisse bercer par la douceur de la délivrance.

J'aime cette petite boule de poils pour ce qu'elle est car l'Amour inconditionnel réclame l'abandon de l'ego et de l'attachement.

La qualité du lien qui nous unit est plus fort que sa forme. Aucun câlin au monde ne peut remplacer la manière dont Zizie approche sa petite truffe de ma bouche comme pour y déposer un baiser ; la façon qu'elle a de me mordiller le talon d'Achille, avec une infinie délicatesse, pour m'informer qu'elle a envie de jouer avec moi; ou encore l'expression de son plaisir qu'elle exprime par le délicat toucher de ses coussinets sur mon visage lorsque je m'approche d'elle.

Grâce à Zizie, je vis des instants chargés de magie et d'authenticité.

Cette constatation de la qualité du lien s'applique également au domaine sentimental. Ai-je eu ce comportement de victime, moi la femme forte et indépendante ? La réponse, pour déplaisante qu'elle soit, est bien positive.

Aussitôt cette pensée avouée et formulée, quelque chose en moi capitule et la paix remplace la lutte.
Je n'arrive pas à mettre de mots sur ce « quelque chose » car il s'agit uniquement d'un ressenti fort,

imperceptible et intime qu'il est inutile d'intellectualiser.

Une guérison émotionnelle ne se fait pas du jour au lendemain. C'est un long travail que l'on entame en s'engageant sur le chemin du développement personnel et en s'ouvrant à la spiritualité. Nos blessures sont souvent inconscientes, profondes et les libérer demande du temps car elles sont recouvertes de plusieurs couches de protection pour nous éviter d'y avoir accès trop facilement et donc de souffrir. La cicatrisation est possible dès lors que l'on reconnaît ce qui est néfaste pour notre avancée et que l'on accepte de laisser derrière nous d'obsolètes et trompeurs schémas de pensées. Ensuite le temps fait son œuvre, lentement mais sûrement.

Chaque jour peut être vécu comme une possibilité de guérison. Comment ? En vivant le moment présent, sans ressasser le passé ni se projeter dans l'avenir. C'est aussi simple que cela : vivre, rire, danser, s'amuser, aimer, apprendre, voir, entendre voilà la clé pour alléger et dépasser notre fardeau émotionnel et transgénérationnel.

L'émotion passée, je m'approche de Zizie pour la prendre dans mes bras et, à ma grande surprise, elle se laisse câliner.
En l'observant au cours de la soirée, je m'aperçois qu'elle a cessé d'être distante pour me montrer ces marques de tendresse subtiles et extrêmement profondes qui la caractérisent.

Zizie m'apprend spirituellement et depuis qu'elle est entrée dans ma vie j'avance à vitesse grand V, acceptant son enseignement avec humilité et le cœur ouvert.

On dit d'ailleurs que les chats sont des êtres qui ont atteint l'illumination car ils ne se laissent plus dominer par leur ego et Zizie me montre ce chemin-là.

25

Mon état de santé s'améliore jour après jour et, faisant suite à mon rétablissement, des personnes bien intentionnées ont cru bon de m'indiquer ce que cet épisode avait pu m'apprendre.

Par effet miroir elles ont vu, en réalité, ce qu'elles ont besoin de travailler car chaque personne détient pour elle-même sa vérité et ne peut connaître celle de l'autre.

Zizie est mon miroir. En la voyant assise devant la porte d'entrée, renifler sous la porte d'entrée et chercher à atteindre le verrou, je me dis qu'elle a désespérément envie de sortir. Elle me montre ce que je ressens profondément. J'aime être chez moi mais j'ai un réel besoin de nature dont je n'avais pas mesuré l'ampleur jusqu'à présent.

Zizie me montre l'équilibre que je dois trouver entre indépendance et sociabilité. Que puis-je faire pour son équilibre de félin ? Il me vient l'idée de lui acheter une laisse pour l'amener au parc dès la sortie du confinement afin qu'elle puisse goûter à nouveau au plaisir de la liberté sans les inconvénients.

Lorsque j'observe un comportement inhabituel chez ma petite princesse, j'y vois toujours l'incarnation de mes tourments intérieurs.

Les animaux sont des créatures fascinantes et peut-être est-ce la raison pour laquelle, depuis la nuit des temps, ils sont vénérés ou craints en fonction des cultures, des croyances ou des époques. De nombreux pays ont pour emblème un animal, comme la France (le coq), l'Australie (le kangourou) ou le Groenland (l'ours polaire).

Dans le Bouddhisme, le chat incarne la spiritualité, porteur des qualités de courage, d'indépendance et de liberté. Il est considéré comme un petit moine qui médite.

Au Japon c'est un porte-bonheur, tandis qu'au Moyen Age il représentait le diable. Autour du XIIIème siècle, associé définitivement à la sorcellerie, le chat est persécuté. Son funeste destin continu avec l'apparition de la Peste noire ou Grande Peste (25 millions de morts entre 1346 et 1350) puisque la croyance lui attribue un rôle dans la transmission de la maladie. Ironie du sort, le seul animal à ne pas être soupçonné était le rat ! La Peste n'aurait pas duré aussi longtemps si le chat n'avait pas été massacré...

Durant la première guerre mondiale, sur une idée de l'armée Britannique, les chats ont protégé les hommes en dératisant les tranchées et en les avertissant, par leur comportement, d'attaques aux gaz toxiques.

Dans les traditions anciennes, les animaux porteurs d'un enseignement précis portent le nom d'animal totem.

Présent dans les cultures autochtones ou chamaniques, l'animal totem est une représentation que l'on a de nous-même ou des qualités que l'on cherche à atteindre. Il nous donne des repères et se révèle un allié précieux pour notre évolution spirituelle.

Au temps de l'Egypte ancienne, le chat est protégé par des lois car il est perçu comme l'incarnation des déités sur Terre. Il représente notamment le dieu Osiris qui aimait prendre son apparence pour ne pas être reconnu.

La déesse Bastet, au corps de femme et à la tête de chat, est quant à elle, la protectrice de l'humanité, la déesse de la joie, des plaisirs charnels, de la musique et de la maternité.

La boucle est bouclée. Une des missions de Zizie est bien de m'ouvrir à la maternité comme je l'avais pressenti.

En prenant conscience des caractéristiques des animaux, il est intéressant de s'en inspirer pour mieux les connaître, les protéger et aussi nous aider à affronter les événements de notre vie qui nous challengent.

En observant Zizie, je m'imprègne de ses qualités de stratège car elle maitrise l'art du timing, celui du bon moment pour passer à l'action. Lorsque je lui lance une balle, elle ne la quitte pas des yeux, attendant patiemment le moment opportun pour bondir dessus et d'un coup de patte l'envoyer à l'autre bout de la pièce. Comme tous les félins, elle a ce sens inné du parfait moment de l'attaque. Les yeux rivés sur sa cible, je vois son corps qui se prépare à combattre, ses pattes arrière bien ancrées au sol, relavant son arrière train, tout son corps tendu vers la cible qu'elle fixe dans une concentration maximale.

Je la regarde et j'apprends.

Il y a quelques jours, alors que j'écrivais une newsletter sur le thème du lâcher-prise, Zizie vient près de moi pour m'avertir qu'elle souhaite que je vienne jouer avec elle en me mordillant le pied. « Pas maintenant, je n'ai pas le temps j'écris ma newsletter ». À l'instant où ces mots franchissent mes lèvres, je m'aperçois de l'incohérence entre ce que j'écris et ce que je fais.

Alors j'ai tout lâché pour jouer avec elle et j'ai savouré chaque seconde de ce moment.

Durant ce confinement je me suis sentie l'âme d'un homard. Savez-vous que pour grandir le homard doit muer ?

Ce crustacé décapode est protégé par une carapace rigide qui a l'inconvénient de s'opposer à sa croissance. Aussi lorsqu'il se sent à l'étroit dans son armure, il n'a pas d'autre choix que de la quitter. Il s'isole derrières des anfractuosités pour se protéger des prédateurs. Il jeûne, se couche sur son flanc et se replie en forme de V. « La membrane reliant le céphalothorax à l'abdomen se rompt alors, créant une ouverture par laquelle le homard va s'extirper de sa carapace. Ainsi libéré, il se gonfle d'eau, ce qui va lui permettre d'acquérir une taille supérieure » (réf Larousse).

Pendant plusieurs jours, il va être fragilisé car il est mou. Lentement sa peau durci et au bout d'une semaine une nouvelle carapace s'est formée. Le voilà prêt, de nouveau, à affronter le monde extérieur.

Ce rituel a lieu deux fois par an, au début de l'été et à l'automne.

Quelles réflexions est-ce que cela m'inspire ?

- Pour grandir le homard accepte le changement
- Pour évoluer il accepte d'être momentanément fragilisé
- Pour vivre le homard accepte de muer tout au long de sa vie
- Pour exister il accepte de se retirer

Comme le homard, j'accepte de faire un bilan, régulièrement, de connaître mes besoins profonds pour ne pas me perdre sur le chemin de ma vie.

La Vie nous enseigne toujours, quel que soit le domaine, professionnel ou personnel voilà pourquoi il est important d'être dans la pleine conscience, d'observer, d'écouter et de ressentir car les situations auxquelles nous sommes confrontés sont autant de clés pour résoudre l'énigme qui nous habite et accéder à la Lumière de la Connaissance.

La période de confinement vient d'être prolongée et Zizie et moi devons nous armer de patience avant de songer à un possible déménagement.

Bonne nouvelle, cela fait déjà deux fois que je réussis à lui couper les griffes. Patiemment j'attends qu'elle s'endorme pour l'approcher et procéder à l'opération en tout quiétude, sans heurt ni stress.

.

26

Ma princesse a grandi et elle va bientôt fêter son premier anniversaire. Comme le temps passe vite !

Le déconfinement est effectif depuis déjà un mois et la vie a repris son cours, avec de nombreux ajustements cela va s'en dire.

La distanciation physique a remplacé la distanciation sociale.
Le port du masque, obligatoire ou fortement recommandé selon le lieu où nous nous trouvons, rend la respiration beaucoup plus superficielle et moins naturelle. Je tire mon chapeau à toutes ces personnes qui doivent (qui ont dû) le mettre toute la journée car un stress physique et psychologique peut s'installer et venir perturber l'équilibre émotionnel.

Des exercices respiratoires appropriés et effectués en conscience peuvent aider à oxygéner le corps et soulager les tensions physiques. Comment est-ce que cela fonctionne ?

Sur le plan physiologique la respiration masse les organes internes qui, ainsi stimulés, vont se détendre.

Cette détente aura un impact sur chacune des cellules et est un premier pas vers le lâcher prise physique et psychologique.

Mon apprentissage sur le caractère et les besoins des félins progresse chaque jour et j'ai trouvé une aide précieuse en l'émission télévisuelle « La vie secrète des chats ». Le concept est génial car il répond à la question « Que fait mon chat lorsque je ne suis pas là ? ». Je me suis tant de fois posée cette question sans pouvoir y répondre.

Les félins sont équipés de colliers GPS et de caméras dont toutes les données sont traitées pour connaître l'étendue du territoire visité par le chat et son comportement ce qui permet de mieux les comprendre. Les résultats sont passionnants, fascinants et souvent touchants.

J'ai appris entre autres choses qu'un chat qui joue est un chat heureux et qu'un félin peut être parfaitement équilibré et serein en appartement car il étend son territoire en verticalité.

En tant que chat des villes, Zizie n'est pas stimulée la nuit voilà pourquoi elle a calé son cycle sur le mien. Elle se rattrape dans la journée en me sollicitant car sa nature profonde animale a besoin d'effectuer entre 100 et 150 bonds par jour.

De temps en temps si Zizie gratte dans le vide sur le parquet devant son bol de croquettes à moitié vide, il s'agit d'un simple comportement instinctif de survie qui refait surface. Dans la nature, la nourriture étant rare et la concurrence rude, les chats font des réserves qu'ils cachent pour ne pas se les faire voler.

Lorsque Zizie se frotte le visage contre les angles de portes, les coins du canapé ou l'ovale de mon visage, elle effectue un marquage facial qui, en délivrant des phéromones, lui procure du bien-être. Elle se fait du bien tout simplement.

Notre vie est ponctuée de moments inédits et intenses comme ce matin où, réveillée par un long miaulement plaintif, mon cœur a bondi dans ma poitrine. M'extirpant aussitôt du lit, je suis Zizie qui se dirige dans le salon pour s'arrêter en plein milieu, son ventre se soulevant par deux fois avant de vomir un morceau de tapis de yoga ! Heureusement que j'avais fait le choix, deux ans plus tôt, d'un tapis éco-responsable, non-toxique fait à partir de caoutchouc naturel. Cet épisode fâcheux ne l'a pourtant pas détournée de sa passion pour le tapis qu'elle mord toujours à pleines dents.

Ma petite princesse adore lorsque j'ouvre la fenêtre de la chambre. Posant ses pattes sur l'encadrement, elle hume l'air pendant que je lui caresse son ventre en la couvrant de bisous. Mes mains enserrent son petit corps sans le serrer pour ne pas l'oppresser et je sens son petit cœur battre la chamade. Zizie écoute les oiseaux chanter en leur répondant par des claquements secs avec ses dents comme pour les imiter ou les attirer. Une fois, réussissant à tromper ma vigilance, elle était sur le point de sauter dans la cour intérieure lorsqu'elle s'est arrêtée au son impérieux de ma voix. Zizie n'a pas été le moins du monde perturbée mais moi j'en ai été quitte pour une bonne frayeur.

Durant la journée Zizie est postée sur le rebord de la fenêtre du salon où elle fait la joie des petits et des grands qui s'extasient devant son joli minois. J'aime la voir faire étinceler les yeux d'un enfant ou attendrir une personne âgée. Zizie a le pouvoir de rendre les gens heureux.

Lorsqu'elle se réveille d'une longue sieste, ma boule d'amour adore dorénavant que je lui fasse des câlins avant de jouer. Après avoir étiré son corps gracile, elle s'approche lentement de moi et s'arrêtant à ma hauteur elle pose délicatement sa patte sur ma jambe tout en baillant. Découvrir sa petite langue râpeuse me fait toujours sourire. À peine me suis-je levée qu'elle arque son dos pour que je la soulève de terre. Au son de ma voix et au rythme de nos câlins elle émerge, en douceur, de son sommeil pour mieux se déchaîner quelques instants plus tard.

Les nouveaux meilleurs amis de ma princesse sont un sac poubelle, dans lequel elle adore se cacher, et une balle de golf. À l'heure où j'écris ces lignes elle ne se lasse absolument pas de la brossette qui a sa préférence sur tous les autres jouets.

Plus petite, Zizie adorait courir après la balle de tennis que je lui lançais. Dorénavant elle jubile quand c'est la balle qui la poursuit.

Par le biais du hasard, je connais maintenant le point ultimement sensible de ma princesse et quand je le touche elle devient tout chamallow, s'allongeant aussitôt et dans un ronronnement assourdissant elle pétrit mon bras avec ses pattes antérieures en sortant et rétractant ses griffes.

Côté nourriture Zizie adore les œufs crus, son sixième sens l'avertissant toujours lorsque je casse les coquilles, elle rapplique aussitôt pour participer au festin en réclamant impérieusement sa part.

Pendant le petit déjeuner ma princesse adore que je lui présente des mini boulettes de mie de pain qu'elle avale sans se faire prier. Mais ce qu'elle adore par-dessus tout c'est le moment où je forme une énorme boule de mie que je lui lance. Ne pouvant pas la manger Zizie fait des bonds de cabri, s'indigne, lance des coups de pattes rageurs sur l'objet de ses convoitises qui par sa légèreté est propulsé à l'autre bout de la pièce ce qui attise l'excitation de Zizie en augmentant sa frustration. Le ballet, orchestré par mes soins, dure généralement une dizaine de minutes après lesquelles Zizie éprouve le besoin de se ressourcer.

Les jours de lessive Zizie devient acrobate en grimpant sur l'étendoir vertical qui trône près de la fenêtre et funambule en déambulant sur les étroites traverses horizontales.

Parmi tous ces événements un moment marquant est survenu le jour où Zizie est allée dormir dans le salon, sur le carton d'emballage de ma nouvelle couette reçue la veille, et non plus à mes pieds sur le lit. Déstabilisée, je me suis réveillée par intermittence durant la nuit pour vérifier si elle était revenue.

Après avoir réfléchi à la situation j'ai arrangé, pour la nuit suivante, un coin douillet et moelleux avec des couvertures polaires pour qu'elle puisse être parfaitement à son aise. Le soir venu, après notre séance de jeu, une fois Zizie installée sur sa couche, je suis allée la caresser pour lui souhaiter bonne nuit en l'assurant de mon amour.

Ce manège a duré cinq jours.

Au matin du sixième jour j'ai réalisé que ce n'était pas moi qui rassurais Zizie mais plutôt elle qui me montrait l'importance de se choisir. Sa nouvelle attitude, en créant un bouleversement mental, m'a fait prendre conscience que s'éloigner d'une personne ne signifie pas ne plus l'aimer mais procède de l'acceptation de s'aimer suffisamment pour faire ce qui est bien pour nous quel qu'en soit le prix à payer. C'est tout l'opposé d'un acte égoïste qui, lui, se fait au détriment de l'autre.

Notre choix ne doit jamais dépendre de la réaction d'autrui mais toujours répondre aux besoins de notre nature profonde.

Si je réagis avec de la colère, de la peur ou de la frustration, j'utilise simplement l'attitude de Zizie pour fermer mon cœur. Seule la façon dont je décide d'influer sur les événements peut être remise en cause, en aucun cas je ne puis remettre le comportement de l'autre car il est la conséquence de son libre-arbitre.

Reprendre le pouvoir sur mon bonheur et sur ma vie c'est accepter l'abondance inhérente à ma nature féminine.

Le soir même de cette prise de conscience, comme par enchantement, Zizie est revenue dormir à mes côtés.

Peut-être ne serez-vous par surpris, cher lecteur et chère lectrice d'apprendre que l'agissement particulier de Zizie a eu lieu alors que je me séparais de l'homme qui était dans ma vie depuis huit ans…

Zizie a adoucit le processus de séparation en me faisant voir la situation avec lucidité et sagesse. Ainsi alignée, j'ai pu trancher avec clarté et sérénité, en gardant la tête froide, pour faire le choix d'écouter ma nature profonde en décidant la séparation. Zizie m'a aidée à ne pas me perdre dans mes illusions et à discerner ce qui vient de mon cœur. Ma petite boule de poils est ma bonne étoile, la lumière qui luit dans l'ombre de mon ombre.

La magie de la présence de Zizie s'étend bien au-delà de notre duo car dorénavant je connais mes voisins. J'habite dans le même immeuble depuis sept ans et pourtant je n'avais jamais eu envie ni ressenti le besoin de faire connaissance avec eux. Décidément Zizie m'incite avec une bienveillante légèreté à m'ouvrir au Monde.

Depuis qu'elle est apparue dans mon univers Zizie me permet de conscientiser et donc de guérir de nombreuses blessures.

Comment de mon côté est-ce que je réponds à ses besoins ? Ne connaissant pas encore toutes les subtilités du miaulement, je me sens souvent démunie lorsque je l'entends utiliser ce moyen de communication qui peut signifier l'ennui comme l'appel à l'aide.

Les premiers mois de sa vie restent mystérieux à bien des égards notamment les circonstances dans lesquelles elle a été séparée de sa maman et peut-être de ses frères et sœurs, les violences auxquelles elle a été confrontée dans la rue, les peurs engendrées par les difficultés rencontrées pour sa survie, etc.

Son passé a façonné sa vision du monde humain et j'aimerais beaucoup savoir ce qu'elle a à me dire pour que je puisse à mon tour, dans une belle réciprocité, l'aider à guérir.

C'est en réponse à ce questionnement que la communication animale a fait une entrée fracassante dans la vie de Zizie et la mienne.

27

Zizie va bien, je le sais, mais j'ai envie d'aller plus loin, de voir au-delà des apparences pour ne pas me satisfaire du voile de l'illusion.

Seule Zizie peut me dire comment elle se sent réellement, ce qui la dérange, ce qui lui plaît, etc. Je fais au mieux pour elle, en fonction de mes connaissances et de mes expériences, mais il est malheureusement possible de mal aimer avec pourtant les meilleures intentions du monde.

J'ai connu, enfant, cet amour sincère et étouffant et je ne souhaite pas reproduire le même comportement. Zizie est un félin et finalement je n'ai aucune connaissance des besoins de sa nature animale profonde. Si mes actions ne lui sont pas bénéfiques alors je suis prête à modifier mon comportement pour respecter ses appétences.

Zizie n'est pas un jouet ni un pantin qui assouvit un quelconque désir égotique mais un être vivant à qui je dois le respect, comme tout être vivant d'ailleurs.

La communication animale s'est imposée à moi par le biais d'un article qui a attiré mon attention sur

Facebook. Il ne fait aucun doute pour moi que nous pouvons communiquer avec tous les êtres vivants qui nous entourent. L'échange verbal n'est pas l'unique type de communication, il en existe un autre plus subtil qui peut être vibratoire, olfactif, sensoriel ou émotionnel, télépathique etc.

Justement, par le biais de la communication télépathique, il est possible d'entrer en contact avec un animal dans un échange conscient et libre de pensées, d'idées et d'émotions qui se traduit, pour le récepteur, par des sensations, visions, ressentis.

Selon Wikipédia « la communication animale est l'ensemble des échanges d'informations entre différents individus depuis leur émission jusqu'à leur réception. La communication intra spécifique s'intéresse aux échanges entre individus de la même espèce et la communication extra spécifique implique des individus d'espèces différentes ».

Convaincue des bienfaits de la communication animale, il ne me restait plus qu'à trouver le communicant. Ma rencontre avec Christophe a été le fruit d'une belle synchronicité. Ma sollicitation de recommandation, auprès d'une connaissance commune, est arrivée alors qu'il était en discussion avec cette dernière au sujet de son besoin de trouver des personnes qui pourraient lui faire confiance, suite à sa récente formation à la communication animale.

Après avoir discuté par téléphone de ma démarche, de sa formation et de sa difficulté à entrer en méditation pour recevoir les informations des animaux, nous avons procédé à un échange de compétences. Je lui ai envoyé une relaxation guidée pour lui permettre de s'ancrer plus facilement et par retour Christophe s'est engagé à répondre à mes interrogations que je lui ai récapitulées par e-mail :

1. Est-ce qu'elle est heureuse ?
2. Est-ce qu'elle se sent aimée ?
3. Est-ce que je prends bien soin d'elle ?
4. Est-ce que je réponds à ses besoins ?
5. Est-ce que ses peurs s'apaisent ?
6. Est-ce que je la prends suffisamment dans mes bras ?
7. Aimerait-elle aller dans le parc même si elle est tenue en laisse ?
8. A-t-elle un message particulier à me transmettre ? Pour cette dernière question je lui ai parlé alors s'il te vient une image ou autre chose c'est parfait sinon sois rassuré je n'ai pas d'attente :)

Le lendemain matin après l'envoi du message, je me réveille en me souvenant du rêve que je viens de faire et dans lequel Zizie me transmet le titre d'une chanson, « Somewhere over the rainbow » que je dois écouter pour avancer dans ma guérison tout en me certifiant que la communication est déjà installée entre nous.

Cette chanson a été écrite en une nuit, en 1938, pour Judy Garland par Edgar Yipsel Harburg. Cette année-là voit la parution du roman de John Steinbeck « Les raisins de la colère » illustrant l'empreinte mordante et amère laissée par la Grande Dépression de 1929 qui est encore dans toutes les mémoires, et la sinistre « Nuit de cristal », prémices de la Shoah, dans la nuit du 9 au 10 novembre. Sous la présidence de Franklin Delano Roosevelt (1882-1945), alors que le contexte historique est lourd et menaçant, la mélodie incarne les espoirs et les rêves d'une jeunesse qui aspire enfin à un monde idéal d'amour.

Le rêve.

Ces deux mots font écho à l'extrait d'une émission que j'ai regardée le 13 décembre 2019 sur ICI ARTV et diffusée via Facebook et qui m'avait beaucoup marquée. L'invité, Fred Pellerin, conteur, écrivain, scénariste et chanteur Québécois, révèle les quatre questions que « Pierrot » Rochette (auteur de « La chanson du camionneur ») a créées et que l'on devrait se poser chaque jour :

1. Quel est ton rêve ?
2. Pour quand est-il ?
3. Qu'as-tu fait pour lui aujourd'hui ?
4. En quoi ton rêve est bon pour le bonheur des autres ?

Ces questions sont très puissantes car elles induisent une grande perspicacité et de la transparence envers soi.

« Quand la destination est claire, les choix se font tout seul » Fred Pellerin

Après avoir téléchargé la chanson dans sa version originale, j'ai laissé infuser les belles paroles d'espérance et d'aspiration qu'elle véhicule.

Version originale – Paroles du premier couplet

Somewhere over the rainbow, way up high

There's a land that I heard of, once in a lullaby

Somewhere over the rainbow, skies are blue

And the dreams that you dare to dream really do come true

Someday I'll wish upon a star and wake up where the clouds are far behind me

Where troubles melt like lemon drops, away above the chimney tops
That's where you'll find me

Somewhere over the rainbow, bluebirds fly

Birds fly over that rainbow
Why then, oh, why can't I?
If happy little bluebirds fly beyond the rainbow
Why, oh, why can't I?

Version française – Traduction

Quelque part au-delà de l'arc-en-ciel, tout là-haut

Existe une contrée dont j'ai entendu parler jadis dans une berceuse

Quelque part au-delà de l'arc-en-ciel, les cieux sont bleus
Et les rêves qu'on ose rêver deviennent bel et bien réalité

Un jour, je ferai un vœu et je me réveillerai dans un endroit où les nuages sont loin derrière moi

Là où les soucis fondent comme un bonbon acidulé au citron, bien loin au-dessus des cheminées
C'est là-bas que vous me trouverez

Quelque part au-delà de l'arc-en-ciel volent des merles bleus
Les oiseaux volent par-delà l'arc-en-ciel
Alors pourquoi, oh pourquoi, ne le puis-je pas

Si les joyeux petits merles bleus volent au-delà de l'arc-en-ciel
Alors pourquoi, oh pourquoi, ne le puis-je pas

Se mettre en action pour réaliser son rêve c'est accepter de s'accomplir.

Pour se lancer en conscience, en incarnant les désirs de son âme, il est primordial de se préparer en réunissant les outils nécessaires pour bâtir son œuvre. L'acceptation des épreuves rencontrées sur le chemin du rêve, identique à celui de la vie, induit le besoin d'apprendre la lenteur, le lâcher-prise et la nécessité de se reposer. Peu importe la destination car la connaissance de soi et la clairvoyance que nous découvrons en chemin sont les clés qui nous révèlent à nous-même. N'est-ce pas le plus beau rêve que l'on puisse rêver ?

Il semblerait donc que pour la question huit, Zizie m'ait répondu en personne sans avoir besoin de passer par un intermédiaire. Cet événement est une prise de conscience qui m'ouvre à une nouvelle perspective, celle d'aller explorer plus avant la communication animale en me formant à cette pratique.

Pour l'heure je suis curieuse de connaître les réponses à mes questions et au bout d'une semaine le précieux mail tombe dans ma boîte. Voici ce qu'il est ressorti de cette communication entre Zizie et Christophe :

Zizie s'est présentée à ce dernier avec une lumière très lumineuse et chaude qui l'accompagnait. Comme elle se cachait, il en a déduit qu'elle est joyeuse et très coquine.

À ma première question, Zizie confirme qu'elle est heureuse car Christophe perçoit une image où elle semble tourner sur elle-même pour attraper sa queue.

La seconde interrogation qui concerne le fait de se sentir aimée, la réponse est similaire car Zizie lui dit-que c'est elle qui m'a choisie parce qu'elle savait que je l'aimerai. Simultanément elle lui projette l'image de griffure sur une autre personne qui, selon Christophe, voulait la prendre.

Christophe me rassure sur le fait que je prends bien soin de Zizie et qu'elle aime beaucoup quand je lui parle en lui donnant à manger. Ses dires sont étayés par l'image de quelqu'un qui parle doucement.
Concernant ses besoins Zizie montre sa queue.

À propos de ses peurs ma petite boule de poils confirme qu'elle les a toujours par la vision de deux chats, d'une croix et d'un homme que Christophe interprète comme la possibilité que deux chats de la portée aient été morts ou tués. Il affirme qu'elle craint les hommes.
Dans le même temps, Zizie lui montre une sorte de balcon et des voitures qui vont toutes dans le même sens ce qui la met mal à l'aise. Christophe s'interroge sur le fait qu'il puisse s'agir d'une voie à sens unique qui pourrait générer un léger stress.

Après avoir posé la sixième question à Zizie, Christophe traduit une sensation de chaleur au niveau des bras comme le fait- qu'elle ressent que je lui apporte beaucoup d'affection. Il me dit qu'elle aime bien mes bras mais qu'elle adore aussi les caresses ou être blottie contre moi par l'image d'un canapé avec un chat contre une personne.

Le sujet de la laisse est plus délicat car Zizie ne comprend pas ce que cela veut dire. Christophe utilise alors un autre vocabulaire comme lien ou attache. Il en résulte que c'est un sujet épineux car il ressent une sensation de crainte par l'image d'un chat paniqué. Il en déduit qu'elle a apparemment très peur de ce qui se passe dehors.

En abordant le sujet nourriture, Christophe ressent une violente sensation de brûlure à l'estomac concomitamment à l'image de croquettes. Il pense alors que quelque chose dans la composition la dérange.

Conformément à ma dernière interrogation Zizie,- en montrant une maison, me fait passer le message que Christophe décrypte comme étant son accord pour déménager.

Elle lui fait voir également une image d'une autre chatte ce qui suscite chez Christophe l'interrogation de savoir si j'ai un autre chat ou si j'en voudrais un pour qu'elle ait de la compagnie. Il me conseille à ce sujet une chatte plus âgée qui puisse apprendre les codes sociaux à Zizie qui ne les a pas eus.

Pour clore cet échange ma princesse envoie l'image d'un chat dans un arbre. Christophe me certifie que Zizie aime bien l'endroit où elle dort, qu'il nomme son doudou, mais il me confie qu'elle aimerait aussi peut-être se percher en pensant qu'il pourrait s'agir d'une allusion à un arbre à chat.

Suite à cet e-mail, Christophe et moi avons échangé par téléphone sur nos ressentis respectifs face à cette communication avec Zizie.

Voici ce qu'il ressort de ses réponses :

-Je ne peux que confirmer l'impression de cet homme qui a perçu ma princesse comme étant joyeuse et coquine.

-Oui Zizie m'a choisie, c'est un fait indéniable car je me suis sentie appelée dès que j'ai posé les yeux sur son joli minois alors même qu'il n'était pas dans mes intentions d'adopter un chat. L'autre personne qui aurait voulu la prendre est peut-être le premier contact dont parle Hyena dans sa préface...

-Zizie aime que je lui parle quand je lui donne à manger, tant mieux car je communique très régulièrement avec elle, je l'encourage et je chantonne. Christophe emploie à juste titre l'adverbe « doucement » car c'est le qualificatif que de nombreuses personnes utilisent pour décrire ma voix. La douceur et la quiétude font partie intégrante de mon univers. Zizie évolue dans un environnement où la télévision n'est pas souvent allumée et lorsque j'écoute de la musique je veille à ne pas pousser le volume trop fort pour ne pas heurter ses oreilles sensibles. En effet l'ouïe des chats est extrêmement développée par nécessité car ils s'en servent pour chasser. Leurs oreilles, équipées de nombreux muscles, peuvent même bouger indépendamment l'une de l'autre, dans un mouvement automatique, vers la source du bruit. Il est fabuleux de noter que le chat trie et filtre les bruits qui l'intéressent, qu'un jeune chat perçoit des sons jusqu'à 100 000 Hertz (par comparaison nous percevons les sons aigus jusqu'à 20 000 Hertz) et que ce félin entend mieux qu'un canidé.

Si le miaulement permet de décrypter ses désirs, le mouvement de la queue du chat lui permet d'exprimer ses sentiments. En montrant sa queue Zizie m'indique qu'il me suffit de l'observer pour décrypter facilement la source de ses exigences ou manques par ce biais et ainsi agir en conséquence.

-Concernant ses peurs, je ne peux pas vérifier la réalité de l'image envoyée par Zizie mais je sais qu'elle a dû vivre des événements traumatisants car elle est très craintive et d'après ce que j'observe, particulièrement envers les hommes. Avec ses trois-cent millions de neurones (contre 160 pour le chien), la mémoire des chats a une durée limitée à seize heures pour le court terme et jusqu'à trois ans pour le long terme. Les félins ont une mémoire sélective qui leur permet de conserver les informations nécessaires à leur survie. Si Zizie a gardé une trace de son passé c'est que l'expérience qu'elle a vécue lui sert de leçon pour ne plus être réitérée. Lorsqu'elle se rappelle une routine ou l'emplacement de son jouet préféré c'est que l'émotion et les sensations générées par l'action ou l'objet lui sont agréables et qu'elle souhaite les renouveler.

-Christophe a parfaitement interprété le fait que j'habite dans une rue à sens unique. Le stress de Zizie est certainement engendré et augmenté par le fait que je laisse la fenêtre entrouverte pour faire circuler l'air dans l'appartement. Habitant au rez-de-chaussée, Zizie se sent certainement vulnérable, en particulier quand je sors, lorsque des voitures circulent, que des personnes courent ou que les enfants crient en passant devant la fenêtre. Prenant en compte cette précieuse information, je ferme désormais la fenêtre dès que je m'absente pour atténuer les bruits extérieurs et donc son stress. J'ai également commandé dans la foulée le remède naturel miracle pour apaiser et rassurer Zizie. Il s'agit du complément alimentaire pour les animaux de compagnie, Rescue Pets, contenant le mélange de cinq Fleurs De Bach.

Né en 1886, le Docteur Edward Bach est un médecin bactériologiste, immunologiste et homéopathe anglais qui est devenu populaire suite à ses recherches sur le rapport entre les maladies chroniques et l'intoxication intestinale. Malgré son succès il quitte ses fonctions et sa clientèle pour étudier les plantes. Hypersensible et précurseur, Edward Bach considère que c'est le malade qui doit être traité et non la maladie puisque cette dernière n'est qu'une conséquence d'un déséquilibre émotionnel. Le Docteur Bach a résumé l'œuvre de sa vie et sa pensée dans un unique livre, « La guérison par les Fleurs » qui m'a beaucoup touchée. Décédé en 1936 à l'âge de cinquante ans, il laisse un héritage inestimable.

Son approche holistique de la santé a pour but de retrouver l'harmonie intérieure inhérente à une bonne santé. Il découvre trente-huit fleurs qui correspondent chacune à un état émotionnel particulier et qui se répartissent en sept familles d'émotions :

- Peur
- Incertitude
- Manque d'intérêt du présent
- Solitude
- Hypersensibilité aux influences et aux idées
- Abattement / Désespoir
- Souci excessif du bien-être d'autrui

Concernant le traitement pour les animaux le Docteur Bach affirme qu' « *il est parfois possible de déceler chez les animaux un trait de caractère de personnalité ou de définir une attitude caractérielle telle que agressivité, possessivité, léthargie, timidité, jalousie, etc. qui permette, comme pour les humains, de les traiter en conséquence* » (extrait tiré de La Guérison par les Fleurs, page 116).

Dès réception du flacon Rescue Pets, je dépose trois gouttes sur la nourriture humide de Zizie qui la dévore, indifférente à l'odeur et au goût subtil du remède floral. Je peux constater très rapidement l'efficacité de l'élixir car Zizie sursaute beaucoup moins fortement au moindre bruit. Dorénavant lorsque que je perçois ou que j'anticipe une situation potentiellement stressante, j'aide et je soutiens Zizie avec le pouvoir naturel des fleurs.

-À la sixième question, je suis heureuse de lire que ma princesse aime les caresses que je lui prodigue. Indépendante, Zizie a mis du temps à s'abandonner aux câlins comme preuve d'amour. Encore aujourd'hui lorsque je la prends dans mes bras et que nous échangeons des papouilles je reste debout car si je m'assois Zizie veut s'extirper de l'enveloppe de mes bras.

-La septième interrogation concerne le fait de pouvoir la promener avec une laisse. Ce projet n'est pas une mince affaire car pour permettre à Zizie de gambader dans la nature encore faut-il que Mademoiselle accepte la contrainte d'un collier autour du cou. Selon les premiers essais cette initiative est loin d'être concluante. Autre problématique qu'il me faut contourner est le transport jusqu'au parc. Tenir Zizie dans mes bras est impensable car confrontée au bruit des voitures ou aux personnes que nous croiserons, elle va avoir peur et vouloir s'échapper. Le Rescue Pets ne me semble pas suffisant à l'heure actuelle pour lui permettre d'affronter autant de stress. Je remets délibérément ce projet à plus tard quitte à l'abandonner si la sécurité de Zizie n'est pas garantie.

-Le sujet nourriture m'interpelle fortement car Zizie a connu des problèmes qu'elle a fait ressentir à

Christophe par le biais de brûlure à l'estomac. Le jour où Zizie a été stérilisée j'ai cru opportun de changer ses croquettes. Suite à l'ingestion de ses dernières Zizie a eu de fortes diarrhées plusieurs jours d'affilée. Ne sachant comment l'aider, je m'en suis ouverte au Docteur Mahroug qui m'a expliqué qu'un chaton stérilisé reste avant tout un chaton jusqu'à ses un an et que sa nourriture doit être adaptée à sa croissance car ses besoins sont particuliers à cette période. Tout en préconisant d'apaiser les intestins de Zizie en ajoutant à sa nourriture de l'eau dans laquelle aura cuit du riz, il me conseille alors des croquettes adéquates et de la pâtée humide en complément qui lui permettront de grossir car, par voie de conséquence, elle n'a pas pris de poids depuis deux mois. Il m'explique également que modifier soudainement le régime alimentaire d'un chat n'est pas souhaitable et qu'il est important d'intégrer la nouvelle nourriture en l'incorporant à l'ancienne, progressivement, sur une période de sept jours.

Ma petite Zizie a récupéré un fonctionnement intestinal optimal en quelques jours mais apparemment le stress généré par cet épisode est encore dans sa mémoire. Pour preuve elle ne mange quasiment plus de croquettes et se régale entièrement de sa pâtée.

Après le déconfinement je me suis rendue à la clinique vétérinaire pour interroger le docteur Mahroug qui m'a alertée sur le fait que la pâtée ne peut pas constituer l'essentiel de la nourriture de

Zizie, seulement une gourmandise qui lui évite de se lasser de la nourriture solide, et que je dois lui acheter de nouvelles croquettes adaptées à son actuelle tranche d'âge puisqu'elle va avoir un an dans quelques jours. Aussitôt rentrée, j'ai servi les croquettes dans un bol en assurant à Zizie que celles-ci ne lui feront pas mal au ventre. Pour l'aider dans cette transition j'ai versé trois gouttes de Rescue Pets sur un peu de pâtée en réitérant mes propos. Zizie a cherché ses marques durant vingt-quatre heures et depuis ce temps elle s'en délecte.

Comme pour les humains, la qualité de la nourriture pour les animaux est essentielle à leur bon développement et à leur confort digestif.

-Je reste estomaquée quand je lis que Zizie me donne son accord pour un déménagement. Oui je souhaite bouger en me rapprochant de la nature. Je m'en suis ouverte à Zizie car les animaux étant des êtres plus territoriaux que sociaux je m'interrogeais sur le bien-fondé d'un nouveau déracinement pour elle et voilà qu'elle me répond que cette délocalisation ne l'effraie pas du tout. Ma princesse est une sacrée guerrière qui est sensible et qui comprend ce que je lui dis.

-Pour ce qui est de l'image d'une autre chatte, il n'est pas dans mes intentions de prendre un nouveau félin mais je garde l'interprétation et le sentiment de Christophe en tête s'il me vient à l'idée d'en adopter un. Il va sans dire que je demanderai avant son avis à la principale intéressée...

La communication animale est un outil formidable pour connaître les besoins de son animal et pour pouvoir rectifier un comportement inadéquat. Les animaux sont des êtres vivants sensibles qui réagissent émotionnellement à leur environnement et à nos comportements humains.

Respecter les appétences et les exigences de son animal de compagnie est un pas vers la conscientisation de notre responsabilité face à ce qui nous entoure.

Que m'a apporté concrètement cette pratique ?

À équilibrer les émotions fluctuantes qui ont découlé de l'adoption de Zizie. J'étais souvent désemparée et dépassée par le comportement de ma princesse, oscillant entre joie et crainte.

La communication animale m'a permis de renverser la situation en mettant de l'ordre dans mes pensées pour voir la situation sous une autre perspective.

Même si les réponses sont en nous, comme il est bon qu'elles fassent écho au discernement d'une personne extérieure.

Les réponses n'ont pas été, pour la plupart, une grande surprise mais plutôt un support solide sur lequel m'appuyer pour retrouver une douce sérénité et ne plus douter de ma capacité à prendre soin de Zizie.

Confidences

C'est avec beaucoup d'émotions que je mets le point final à ce livre.

Zizie m'a accompagnée tout au long du parcours d'écriture. Elle est souvent venue me chercher pour jouer, me rappelant ainsi que la vie est légère, qu'il faut savoir en profiter et faire des pauses.

Rien n'est plus sérieux que le jeu.

En cette période de fortes chaleurs, les moucherons sont légions. Juste avant d'écrire ces quelques lignes, Zizie est venue près de moi, réclamant que je la prenne dans mes bras. Lovée contre moi, ronronnant et frottant sa tête contre mon cou et ma joue, nous sommes restées ainsi pendant près de quinze minutes à scruter les murs afin de débusquer le minuscule intrus.

Zizie souhaite que je vous passe le message comme quoi elle est câline et qu'elle m'aime autant que je l'aime.

J'ai une tendresse particulière pour la femme qui a douté de sa capacité à prendre soin d'un petit être.

Aujourd'hui je sais que je suis la meilleure maman au monde pour Zizie.

Merci Zizie pour tout ce que tu m'as dit, ce que tu me dis et ce que tu me diras.

Je t'aime,

Ta maman

Remerciements

Merci Hyena d'avoir pris soin de Zizie, de l'avoir accueillie dans ton foyer et d'avoir permis notre rencontre. L'action que tu mènes est altruiste et si inspirante.
Cette belle préface, pleine de sensibilité et qui déborde d'amour, ne pouvait être écrite que par toi. Évidemment j'ai pleuré.
Ce livre devait être empreint de tes mots et de ton énergie, c'était pour moi une évidence.

Merci Éric d'avoir su voir en moi ce que je ne voyais pas. Ton soutien m'a été précieux. Zizie nous a montré une nouvelle voie pour être heureux ensemble et nous avons su saisir notre chance. Je t'aime.

Merci Docteur Mahroug d'avoir été un soutien, avec l'aide de votre assistante, dans l'apprentissage de mon rôle de gardienne de chat. Votre bienveillance à tous deux a été un puissant réconfort en me permettant d'y voir plus clair.

Merci Émeline d'avoir, une nouvelle fois, su traduire ce qui trottait dans ma tête. Notre collaboration fait des merveilles grâce à ta sensibilité et ton intuition.

Merci Marion pour ton soutien et ton aide précieuse dans la relecture de ce livre. Notre passion commune pour la plongée nous a rassemblées bien avant cette aventure livresque mais j'ai découvert, depuis quelques mois, la belle personne sensible et généreuse que tu es tout au fond.

Merci ma chère Sandrine d'être, pour la seconde fois, la cerise sur le gâteau de mon ouvrage. Sache que tu as été une pièce maîtresse de cette expédition transformatrice. Sans toi le chemin aurait été plus sombre et plus sinueux. Ta sensibilité fait de toi un être à part.

Merci ma douce Zizie de m'avoir choisie. Ton âme aide mon âme à progresser.

Un dernier mot

La parution du livre est proche...

L'écriture de ce livre a constitué une belle aventure qui va désormais se poursuivre auprès de vous cher lecteur et chère lectrice.

En suivant le mouvement de la vie, je pratique aujourd'hui, vous vous en doutez, la communication animale à laquelle je me suis formée sitôt le point final porté à ce récit.

Les animaux me communiquent leur message et j'écoute avec humilité et gratitude les mots et les émotions qu'ils me confient pour leurs gardiens afin de les transmettre le plus fidèlement possible. Nous communiquons d'âme à âme et ces rencontres me nourrissent à chaque fois.

Le groupe Facebook « ChAt et com'pagnie » est né de l'évidence que les animaux ont une âme, et que s'ils entrent dans nos vies en qualité de maîtres enseignants, ils ont également des besoins qu'il nous appartient de respecter et de combler.

Aujourd'hui, désireuse de montrer la voie de la communication animale et du soutien énergétique (Reiki), je propose mes services dans ces deux domaines, aux humains et aux animaux.

La relation inter-espèce n'a de sens que si elle est harmonieuse et respectueuse de la nature profonde de chacun.

La cause animale est précieuse pour l'avenir de l'Homme car en nous permettant d'ouvrir notre cœur inconditionnellement, elle fait ressortir le meilleur de notre humanité.

Ressources

Patricia Urmann

www.patricia-urmann.fr
De son enseignement à la communication animale, en passant par le soin énergétique (Reiki), le chemin de la méditation m'a ouvert d'infinies perspectives.

Soul Shadow tarot

www.soulshadow.bigcartel.com
Médium spirite, je tire les cartes, je parle aux morts, je voyage et j'aime les chats.

Émeline Courcelle

www.emelinecourcelle.com
Naturopathe, j'illustre le bien-être & la santé naturelle avec une touche de poésie.

Dépôt légal juin 2020

ISBN 9781661253349

Patricia Urmann, 2020

Printed in Great Britain
by Amazon